いちばんわかる

事業承継とM&Aの超入門書

〔監修〕ベリーベストグループ
〔編集協力〕アップスマイル税理士法人
〔著〕エッサム

あさ出版

はじめに

中小企業の社長の多くは「事業承継」の問題を、本当に身近なこと、かつ切実な問題として捉えているのではないでしょうか。

「子はウチの会社に関心がなくて、継ぐことにも興味を示さないんだよ」

「誰か優秀な役員・社員で事業を継いでくれる人はいないだろうか」

「経営環境も業績も厳しい状況が続くから、私の代で会社をたたもうと思っている」

多くの社長は自分自身が年齢を重ねるほどに、「どうしたものか……」と考えあぐねています。

その背景には「2025年問題」もあります。第1次ベビーブームの時期に生まれた「団塊の世代」が全員、後期高齢者（75歳以上）を迎え、超高齢社会になるのです。中小企業庁の試算でも、2025年までに経営者約245万人が平均引退年齢とされる70歳以上になり、このうち127万人が「後継者は未定」としています。

本書はこのような状況にある多くの社長に向けて、事業承継の手法についてわかりやすくまとめました。社長の子や兄弟姉妹、配偶者などへの「親族内承継」を第一の選択肢としつつも、実情は社内の優秀な役員・社員に継いでもらう「親族外（社内）承継」、さらに社外のふさわしい人材に継いでもらう第三者承継という選択肢も踏まえて事業承継の実務をまとめています。

第三者承継では、ふさわしい人材は個人であっても、実情はその人が経営する他社に事業を継いでもらうケースもあります。すると、手法としてはＭ＆Ａに関わります。この点も踏まえ、Ｍ＆Ａのしくみ・手法と留意点についてもまとめました。

長年続けてきた事業を自分の代で終わらせるのは、私たち事業承継を支援する立場にとっても、とても寂しいこと。厳しさが続く経営環境にあっても活路を見いだし、後継者に次代を託すことは、社長である皆さんの責務であり、私たちの使命であると捉えています。

ぜひ本書を読んでいただき、新たな事業承継に活路を見いだしていただきたい。私たちはそんな社長の皆さんを全面的に応援・支援します。

２０２５年2月

ベリーベストグループ　岸　健一

もくじ　いちばんわかる 事業承継とM＆Aの超入門書

はじめに……3

PROLOGUE

社長は皆、会社を「誰に、どう継いでもらうか」で悩んでいる！

P-1 優秀な経営者には優秀な子がいるものだが……　……15
P-2 あの子に継がせるなんて、私は反対です！……17

PROLOGUE

P-3 優秀なサラリーマン、優秀な社長にあらず …… 20

P-4 顧問税理士が本気になって相談に乗ってくれない …… 23

P-5 皆、口を揃えて願うことは「早めに相談する」こと …… 28

第1章 事業承継の基礎と流れから理解しよう

1-1 オーナー社長にとって事業承継とは何か …… 32

1-2 後継者にはどんな人がいるか、適任者をどう選ぶか …… 37
1-3 親族内承継、社内承継、親族外承継、M&A……さまざまな「引き継ぎ方」 …… 44
1-4 事業承継はまず、何を継いでもらうのかを明確に …… 48
1-5 事業承継の方法と手順を知ろう …… 53
1-6 事業承継で活用したい各種制度と支援策 …… 58
1-7 親族外承継で、事業承継税制の適用を受ける際の注意点 …… 67

第2章

まずは自社の経営状態を健康診断

【事業承継の実践1】

2-1 自社の経営を分析してみよう …… 72

2-2 現社長も再チェックしておきたい財務諸表の分析（損益計算書） …… 75

2-3 貸借対照表では健全に経営されているかをチェック …… 81

2-4 キャッシュフロー計算書では何を見る？ …… 86

2-5 自社の核＝コアコンピタンスやケイパビリティを見つけよう …… 89

2-6 健全経営のボーダーラインはどこにある？ …… 96

2-7 経営状態が思わしくないときは
どうすれば…… 100

第3章

親族や社員に上手に事業を継いでもらうポイント

【事業承継の実践2】

3-1 事業承継税制の特例措置を使って
親族へ承継する際のポイント 108

3-2 事業承継税制の特例措置を使って
親族内承継を行うときの心構え 115

3-3 事業承継税制の特例を使って
親族内承継を行う手順 119

3-4 組織再編による事業承継ではどんなことを行うのか …… 125
3-5 節税の知恵!? 税制適格の要件を押さえておく …… 132
3-6 組織再編の税務で押さえておきたい勘どころ …… 136
3-7 親族ではない社員に継いでもらうときの注意点 …… 141
3-8 MBOやEBOを行う手順と注意点を押さえておく …… 146
3-9 MBOやEBOの資金調達方法と成功に導くポイント …… 151

第4章

M&Aを成功に導くポイント【事業承継の実践3 M&Aの活用】

4-1 後継者が不在ならM&Aを検討しよう 156

4-2 M&Aによる事業承継とは何か、あらためて考えてみる 159

4-3 M&Aは準備が重要 資料収集とともに、リスク判断は慎重に 164

4-4 M&Aによって事業の承継先を見つける方法 171

4-5 M&Aによる事業承継の具体的な進め方 175

4-6 合併（事業譲渡・株式譲渡）のしくみと手続き 185

4-7 株式交換のしくみを理解しよう 193

第４章

4-8 会社分割のしくみと手続き……204
4-9 株式移転は事業承継で使えるのか？……209
4-10 デューデリジェンスっていったい、どんなことをするの？……215
4-11 売り手企業が知っておくべきデューデリジェンスの手順……221
4-12 ＰＭＩの実施手順と売り手企業側の関わり方……225
4-13 ＰＭＩの手順と成否を分けるポイント……229
4-14 中小企業のＭ＆Ａパートナーはワンストップで〝伴走型〟の業者がよい！……238

※本書の法令等は２０２５年１月までの情報に基づいています。

PROLOGUE

社長は皆、会社を「誰に、どう継いでもらうか」で悩んでいる！

「後継者がいない」とひと言で言うけれど……

中小企業の経営者の多くは50～60代くらいになると、

「はて、誰に会社を継いでもらおうか」

という考えが、頭の隅をよぎります。70代、80代でも、

「私は死ぬまで経営を続ける！」

と言う人もいますが、若いときのように心身が丈夫な人ばかりではありません。持病の悪化もあれば、健康であっても、

「やはり若く、やる気のある人に経営を任せたい」

という思いもどこかにあるでしょう。

大手・上場企業のように経営者としての任期を設定している場合を除いて、経営を続けている限り、皆、この先、どう経営を続けていくか、誰にどう譲ったらよいか、と頭を悩ませるものなのです。

では、それがどんな状況なのか、いくつかの例を見ていきましょう。

P-1

優秀な経営者には優秀な子がいるものだが……

後継者難
親族内承継

ある製造業の70代の社長には、２人の子がいました。当然ながら、高校・大学を経て、別の会社に就職したとしても、２人のうち、どちらかがやがて実家に戻り、後継社長になるだろうと、社長自身も周囲の社員たちも思っていました。

ところが、優秀な経営者の子はまた、優秀なものです。２人の子は、外資系金融大手や大手プラントメーカーに勤務し、家業の製造業を継ぐそぶりなどまったく見せない状態でした。

「今のままで継いでもらう」という発想を変える

「さて、どうするか……」

社長は思いを巡らせるだけで数年が経ち、70代後半になろうとしていました。

継ぐ気のない２人の子。彼らの気持ちをそのまま汲むとすると、まず、２人以外の親族を後継者に想定するケースが多いでしょう。社長の兄弟姉妹やその子、また、兄弟姉妹や子の配偶者も考えてみるべきです。しかし、その範囲の人材を後継者にすることは社長も想定していたはず。それがむずかしい場合は、社長と長く一緒に事業を営んできた経営陣の中に後継者としてふさわしい人物を見つける必要があります。

このように後継者候補の範囲を広げるとともに、社長に持っていただきたい視点は、長年続けてきた家業（製造業）に、「新たなビジネス、新規性のある技術はないか」を見いだすことです。いま一度、自社の事業を振り返り、見つめなおすような視点です。それができれば、そこから事業の承継・再生を考えていく。そうなれば2人の子も後継者として、新たなビジネスの可能性を探ってみる気持ちが生まれるかもしれません。

「今の事業のままで継ぐ人を！」という考え方で無理なら、その発想を変えてみる。優秀な社長であれば、その発想の転換もきっとできるはずです。

継ぐ気持ちがまったくないなら、ほかの親族を第一に考える

▼
37
ページへ

P-2

あの子に継がせるなんて、私は反対です！

配偶者の反対
親族内承継

「私が継ぎます！」と気持ちよく応えてくれる親族がいても、その候補が後継者・次期社長には向いていないケースもあります。

ある食品問屋のオーナー社長には子どもはなく、専務である弟に一人娘がいました。社長は80代。そろそろ誰かに継いでもらいたいと思っていて白羽の矢が立ったのが、専務の娘です。彼女自身は子どもの頃から会社に馴染み、よく出入りしていました。今はその食品問屋に商品を卸す大手食品メーカーの営業課長で、その会社の営業管理システムを自身がチームリーダーとなって構築し、ITにも詳しい人物でした。

社長は、「この子が適任かも？」と思って打診してみると、

「今すぐというわけにはいきませんが、5年くらいのうちに父（専務である社長の弟）が社長になったら、私もおじさんの会社に移り、実質的に私が経営を担っても大丈夫です」

と言ってくれました。

お金にルーズなあなたの弟の娘なんて、事業が傾くに決まっています！

〝渡りに船〟と思った社長。ところが、この承継に待ったをかけたのが、社長の奥さんでした。奥さんはその会社のグループ会社である食品加工業を任されています。

「あなたの弟はお金にルーズで、正直、いい加減。その一人娘に将来的に会社を譲るなんて、とんでもない！　それに、言ったら申し訳ないけど40歳になってバツイチ。独身のままで、この先のメドも立ってないでしょ。結局、事業が傾くに決まっています！」

と、深く考えずに大反対したのです。社長の妻としては、専務とその一人娘に会社を譲るくらいなら、心おきなく譲れる相手を外部から招いたほうが、自分たちの老後を気持ちよく暮らせると思っているようです。

本来であれば、オーナー企業の場合、誰に事業を継いでもらうかはオーナーの専権事項。奥さんはもちろん、半数に満たない株しか持っていない人は、口出ししても意味がありません。しかし、口出ししてしまうのが夫婦の仲です。しかも、奥さんにグループ会社の経営を任せている以上、「口を挟むな」とは言えません。

ただし、今どき「専務である父に経営を任せてもらえたら、それをサポートし、その後、経営を任されても頑張ります」と殊勝なことを言ってくれるのはめずらしいこと。結局、社長は専務である弟の一人娘に社業を譲ることも想定し、自分は会長職に就き、弟に社長を任せるようにしたのです。

弟の一人娘にとっては、少し長い後継者教育期間ということになります。社長も専務も、その一人娘もそのことを了承し、事業承継に一歩を踏み出しました。社長の奥さんは社長に説得され、なんとか理解を示してくれたとのこと。社長夫婦も若くはないのですから、今は〝賢者の選択〟であったことを期待しています。

腰を据えて、後継者教育から始めませんか？

▼
37ページへ

P-3

優秀なサラリーマン、優秀な社長にあらず

MBO
親族外承継

経営者にとっては、親族に適任の後継者がいないというのは大きな悩みでしょう。昨今は晩婚化、離婚の増加、人口減少などの影響もあり、そもそも後継者になりそうな親族がいないケースもあります。

継ぎたいと言ってくれる人がいないケースでは、適任と思われる親族は皆、ほかの職業に就いており、会社を継ぐ意思がないことも多い。適任と思われる人ほどバリバリと仕事をやっているもので、その気持ちを曲げてまで後継者になってもらうのはむずかしいものです。子が自分のやりたい仕事に就き、充実した生活もしているのに、家業を代々継ぐという慣習が薄れつつある今の時代、「ウチの会社を継げ」とは言いにくいものです。

かつては家業を継ぐという価値観がありましたが、現在はそれぞれが自分のやりたい仕事に就くことが多く、親の会社に後継ぎとして入社するケースが減ってきています。さらに、「継ぐ」と言ってくれる親族が社内に社員としていても、また、最初は継いでもらえそうだと思っていて

も、社長業を学ばせるようになったあとで不適任だと気づくこともあります。

手腕を発揮した取締役

ある地方の中堅の金属加工業が、まさにそのような状態でした。中堅鋼材商社で優秀な営業マンだった社長の一人息子を呼び戻し、継がせてみたものの、ものの考え方、発想、意思決定のしかたなどがやはり違う。おまけに、その一人息子は「家業を継いでやった」と高飛車なところが出て、既存社員から総スカンをくらったのです。

後継者にはそれまでのサラリーマンとは違うことを肌で感じ、乗り越えていってもらわないといけません。そのためには、素質とともに一定程度の教育期間が必要です。ところが、どれだけ教育しても無理なケースもあります。「継ぎたい」と言ってくれる人がいることはありがたいのですが、社長には冷徹に適性を見抜く目が求められます。

結局、いちばん不幸になるのは、「継ぎたい」と言ったので継いでもらったはいいものの、ほどなく事業が傾いてしまったとき。継いだ親族が悪いとも継がせた社長が悪いともいえず、働いている社員も含めて皆が不幸になります。結局、その金属加工業では、継いだ一人息子が半ば追い出されるように辞めていきました。

事業体としては先代がなんとか切り盛りしていたものの、若い頃のようにはいきません。その状態を見かねて手を挙げてくれたのは、先代を支えていた取締役である技術部長でした。

「お金は十分に持っていないから、自社株の話をしてもらっても困る。でも、事業としては、次の社長候補が見つかるまで頑張ってもいい」

技術部長はそう言ってくれました。社長は会長から復帰して自社株は持つものの、経営はその取締役に任せる。そうやって傾いた事業を2年ほどでもとに戻し、軌道に乗せていきました。現在はその取締役も〝腹を括り〟、事業承継税制を利用しつつ、社長として陣頭指揮を執っています。

一時期、継いでいた社長の息子も他社で働いたあと気持ちを切り替えて営業課長として戻り、コツコツと社長業を学んでいます。

一人の役員が、みずから経営に動き出す

▼
48ページへ

P-4

顧問税理士が本気になって相談に乗ってくれない

後継者難
M&A

使い古された言葉ですが、経営者は孤独なものです。普段は経営団体や業界団体の交流会に参加したり経営者仲間とゴルフに行ったりお酒を飲んだりと幅広く交流していても、自社の行く末の話になると、口を閉ざしがち。しっかりとした後継者がいるなら、紹介しつつ、

「次に社長になる者です。よろしくお願いします」

と自信を持って挨拶もできますが、そうでなければ事業承継の話はお茶を濁しがちなものです。

地方のある自動車整備業の60代の社長は、一代で社員10人、年商5億円まで事業を拡大しました。ところが奥さんが数年前に他界し、今は独り身でコツコツと事業に励んでいます。娘が2人いますが、嫁いで都会で暮らしています。

「事業を継ぐために、旦那と一緒に戻ってこい」

とは、妻であり子を持つ母である娘たちの今後を考えると、とても言える状況にはありません。

顧問税理士の〝取り繕う〟ひと言

「ウチの会社の将来、どうしたものかなぁ。どこか事業を買い取ってもらえないか、M&Aの仲介会社にでも相談してみようかと思っているんですよ」

社長が顧問税理士にふと漏らすと、その顧問税理士は、

「それはやめたほうがいいですよ。私でよければ適任者を探してみます」

と親切な言葉をかけてくれました。ところが……、あとから別の税理士に法人会の会合で聞いてみると、

「そりゃあ、社長さん無理な話ですよ。おたくがM&Aの売り手にでもなったら、その顧問税理士さんの顧問契約がなくなる。なんとか引き伸ばそうと優しい言葉をかけているだけですよ」

と。そもそもM&Aとは、「Mergers（合併）and Acquisitions（買収）」の略で、複数の会社が事業を1つにしたり、一方の企業が他の企業を買収したりすることを意味します。

確かにM&Aで事業を譲れば顧問契約が1つ減り、顧問税理士にとっては大きな損失です。一方で、その顧問税理士としては、普段手がけていない面倒な仕事が入ってきた、と考えたり、社長の気持ちとは裏腹に別のビジネス展開を考えていたりするのかもしれません。その社長は、

「相談相手を間違えたのかも」

と思ったそうです。別の同業者に話を聞いてみると、皆、口を揃えて、

「歳をとってくると、実は腹を割って話せる相手がホントにいないんだよね。自分もいい歳だから、他人に変にアドバイスもされたくないし。この前、取引銀行に相談してみたら、ウキウキして『ウチに任せてください！』って。きっとうまくいけば、手数料ががっぽり入るんだろうと思ってイヤになっちゃったよ」

と。今は「はて、どうしたものかと考えてばかりいる」とのことでした。

ところが、その中でも、光明が差すアドバイスをしてくれる人もいました。

「おたくの会社は大きな工業団地のそばだよね。それなら絶対、自動車を整備できる工場は必要だよ。きっときちんと相談すれば、事業を『譲ってほしい』という機械メーカーとか物流会社とかはいるはずだ。腹を割って、M&Aをやっている身近な公的機関に相談したほうがいいよ」

結局、その自動車整備会社は、地元のバス会社の整備部門に吸収され、本人も社員も、ひと安心しているそうです。

これまで相談したことのない専門家に相談してみる

一見、誰も継ぎそうになくても、実は地元に不可欠な会社は数多くあります。しかし、このように長年経営を続けてきた人ほど、自分の経営に一家言があり、誰かに相談することを拒む頑固

さがあり、柔軟性がないのかもしれません。

相談相手が身近にいない場合、あえて〝縁遠い〟人に相談するのも手です。もとより、事業承継は多くの人が未経験で、身近な人に相談しても、悩みを理解してもらえても、解決の糸口は見えてこないケースがあります。それくらいなら、これまで相談したことのない、いわば縁遠い専門家に相談してみるのです。

身近な相談相手として真っ先に思い浮かぶのは顧問税理士です。その税理士が事業承継に詳しく、明快な答えを示してくれるなら、万々歳。ところが顧問税理士も他社で事業承継を扱ったケースが少ないと、答えとはいえないような答えが返ってくることもあります。

「ウチでも扱ったケースはほとんどなく、対応しようがありません」

とはなかなかいえず、経営者としては、結局モヤモヤしながら相談するに足る相手を探し続けることになります。

たとえば公的な事業承継・引継ぎ支援センターや金融機関などは立ち位置の差はあるものの、自分たちで対応できることは対応し、実績として事業承継を扱うことの多い税理士などを紹介してくれるケースもあります。最初からM&Aによる第三者承継の相談をすると、M&A仲介会社を紹介してくれるケースもあります。実は、よいか悪いかの意見は分かれますが、M&A仲介会社に相談すると、専門家中の専門家だけに話が一挙に進むケースも多くあります。

M&A仲介会社では、結局、事業の売り手か買い手かどちらかの仲介をするわけで、公平な立場でのアドバイスはむずかしいかもしれません。ですが、自社が損をする選択なら断ればよいということもできます。

誰でも、身近な人に込み入った相談はかえってしにくいもの。多くの中小企業が借金を抱えて経営している現状を見ると、「痛くもない腹を探られる」気持ちになっても不思議ではありません。だからと言って一人で思い悩むのではなく、

「初めて相談するのですが……」

と、これまで付き合いのなかった専門家の門を叩いてみるのも一考です。

相談相手を間違えてはいけない

238ページへ

パートナー
選定
M&A

P-5

皆、口を揃えて願うことは「早めに相談する」こと

事業承継について、自社の役員や社員に相談するケースもあります。ところが、相談レベルでは親身になるものの「この会社を経営するくらいなら独立しよう」と考える人がいるかもしれません。

ある雑貨商社で創業社長の女性が急逝し、誰かが社長を継ぐことになりました。最初は社長の夫が切り盛りしていたのですが、創業社長が育ててきた女性デザイナーなどが1人、また1人と辞めることに……。結局、創業社長の夫は経営を離れ、長年事業を育ててきたデザイナー1人と事務方1人が共同して経営にあたりました。ところが、その途端、デザイナーが「こんなことなら、自分で事業をやったほうがよい」と辞めてしまったのです。

■小さくても、所有と経営を分ける選択もあるのではないか……

結局、今は細々と創業社長の夫が、デザインは外注を頼って事業を続けています。と同時に、その夫は、自分は株式だけを所有し、誰か社長に適任の人を雇い、経営を任せたほうがいいかもしれないと感じています。小さくても所有と経営を分ける選択もあるのではないか、と。そして「結局、事業承継はどんな場合も、思惑やスケジュールどおりには進まない」ことも痛感しています。

後継者となり得る人がまったくいない場合、第4章で紹介するM&Aの手法を用いた第三者承継などが選択肢に入ってきます。後継者が誰もいないから「即廃業」などとは考えず、懇意にしている税理士や専門家などに相談を持ちかけてみる必要も出てきます。

多くの専門家が語るのは、

「もう少し、早めに相談してくれれば、取り得る選択肢がいくつかあったのに……」

ということ。どんなスキーム（しくみ・枠組み）で行うにしても、節税面も考慮すると、半年や1年でスムーズに事業承継が行えるとは限りません。また、後継者が誰もいない状態の多くは、何年も前からわかっていたケースが多いもの。それだけに早めの対応を心がけたいものです。

数年前から対応すれば、選択肢が広がる

▼ 238ページへ

第１章

事業承継の基礎と流れから理解しよう

1-1

オーナー社長にとって事業承継とは何か

日本企業のほとんどは中小企業です。その中小企業の多くがオーナー経営、すなわち株式のほとんどを持つ社長が経営を担っています。

そのオーナー社長にとって事業承継とはどんな行為か。まず、このことを明確にしていきましょう。

■事業承継と社長交代は異なる行為

最初に押さえておきたいのは、事業承継と社長交代は異なるケースがある、ということです。社長交代は端的にいうと、社長という肩書を誰かほかの人にやってもらうこと。大手企業でも中小企業でも、典型的な社長交代のパターンは現社長が会長に退き、誰かが社長に就く。このパターンは多くの企業で見られることです。

ところがオーナー企業の事業承継は、人やモノ、お金、知的資産など事業に関する経営資源のすべてを次の社長に引き継ぐことです。単なる社長交代ではない、ということをあらためて理解しておきましょう。

引き継ぐ経営資源としては、主に次のようなものがあります（次ページ図表１－１参照）。

(1) 人（経営）の承継

人（経営）の承継では、まず「経営権」です。株式会社では、議決権のある株式をどの程度保有しているかによって、行使できる権利が異なります。多くのオーナー社長は今の経営と同じような方針・対応・感覚で後継者に譲りたいと考えているはずです。すると、基本的にはオーナー社長が現在持っているすべての株式を後継者に引き継ぐ必要があります。

ところが、後継者が「私が全株式を引き継ぎました！」と言っても、社員や取引先、同業者仲間などが後継社長と認めてくれるとは限りません。法的には後継者は次期社長ですが、同じように経営できる資質があるとは限らないからです。

そのため、事業を継がせる社長としては株式を譲る後継社長に足る教育を行うことが必要で、後継者としては後継社長に足る資質・スキルの蓄積が求められます。それらの教育や資質の蓄積を踏まえて「経営権」を譲る必要があるのです。

図表1－1

引き継ぐ経営資源

(1) 人(経営)の承継

↓

経営権

オーナー社長が現在持っているすべての株式を後継者に引き継ぐことが望ましい

(2) 資産の承継

↓

株式

株式を譲ることによって、社屋や工場・店舗など具体的な事業用資産なども承継されることになる

(3) 知的資産の承継

↓

経営ノウハウ・スキル

販売手法、ビジネスモデル、技術といった金額に換算しにくいものを含めて非上場株式の評価となる

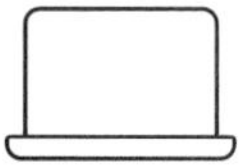

(2) 資産の承継

事業承継では、資産の承継も行われます。資産の第一は「株式」です。株式を譲ることによって資産が承継されると考えてよいでしょう。

具体的な資産としては、社屋や工場・店舗、さらに生産機械・物流機器などの事業用資産があります。また、運転資金や設備資金などの資金も資産の一つです。それらの資金を借り入れている場合、その借入金も資産ということになります。

事業承継では後継者が、

「借入金を背負って事業を継いだ」

といったことがありますが、事業を継ぐということは資産も負債も継ぐということにほかなりません。なお、免許や許認可を受けて行っている事業の場合は、それらの免許や許認可も引き継ぐ資産です。

これらの資産は、それぞれの評価額を計算して引き継ぐことになります。株式も上場企業のように株価が日々市場によって算出されているわけではなく、非上場の株式として税法に則した方法などで算出され、引き継ぐことになります。

(3) 知的資産の承継

さまざまな表現はありますが、いわゆる経営ノウハウ・スキルや、モノとしては表現しにくい販売手法、ビジネスモデル、技術、さらに人脈といった知的資産も承継の対象です。

知的資産は金額に換算しにくいものですが、これらを含めて非上場株式として評価されることになります。株式を引き継ぐということは、これらの知的資産も引き継ぐことになるのです。

極端にいうと、社長の交代は後継者の名刺を「社長　〇〇〇〇」と変えて、あとは社員や関係者がその後継者を社長と認識しただけでできます。ところが事業承継となると、法的な権利義務、特に継がせる社長としては税法の扱いに留意しなければならないことも無視はできないでしょう。

オーナー社長の最も身近な事業承継の相談相手は、その会社の財務内容などに詳しい顧問税理士です。ところが顧問税理士がすべての税法に通じていて、非上場株式の評価に明るく、事業承継の経験が豊富にあるとは限りません。そこで、事業承継とその税制に詳しく、さらに事業承継の経験が豊富な税理士に相談してみることをお勧めします。

1-2

後継者にはどんな人がいるか、適任者をどう選ぶか

誰に事業を承継してもらうか。従来の考え方では、社長の子息がいちばんの候補者でした。それは今も変わりありません。社長の長男長女が継いでくれるとなると、社長はひとまず胸を撫《な》でおろし、次期社長にふさわしい教育や経験を積ませようとします。

ところが昨今、子がいない社長も多く、いても他社で立派に働いていて、事業を継ぐ気がまったくないケースも多くなっています。

では、そのような場合、どうするか。誰が適任者で、どう選んだらよいかなどを考えてみましょう（次ページ図表1－2参照）。

近い親族の中に後継者たる人物がいないかを探す

社長の子が継がない場合、社長は兄弟姉妹や孫、配偶者やその兄弟姉妹など、いわゆる近い親

図表1－2

後継者の選び方

親族内から選ぶ

➡ 子ども、兄弟姉妹や孫、配偶者やその兄弟姉妹など、いわゆる近い親族の中に後継者たる人物がいないかを探す

「これは！」と思える社員を説得する

➡ その役員・社員の資力が問題となることも。
第三者承継の一つ

他社の社長に頼む

➡ 第三者承継の一つのM＆Aによる承継。事業譲渡や株式譲渡という手法が多い

事業承継の「マッチングサイト」で選ぶ

➡ 第三者承継の一つで、M＆Aによる承継となるケースもある

誰も後継者を選ばない

廃業

➡ 倒産とは異なる。会社の債務（負債）を完済して会社をたたむ。「後継者選び」としては「誰も選ばない」という選択

族の中に後継者たる人物がいないかを探します。ところが多くの場合、事業を継ぐ親族がいなかったり、自分の子に継ぐ意思がなかったりして、むしろ社長自身の身のまわりに後継者がいない現実に直面します。

いわゆる親族内承継が実現できず、後継ぎ不在、後継者不在の状態です。

■「これは!」と思える社員を説得してみる

オーナー経営の場合、子や兄弟姉妹、さらに甥、姪、いとこにあたる人物が社員になっているケースも多いものです。いわゆる〝家族経営〟です。息子・娘が後継者になることを断固として断った場合は、彼ら親族にあらためて打診してみるケースは多いでしょう。

しかし、それも断られた場合は、役員を含めた社員の中に適任者がいないか探してみることになります。それは前述のように親族外の社員承継という手法になり、最近ではそのケースも増えています。

特に創業時から長年、盟友として苦楽をともにしてきた役員がいれば、会社の事業内容や将来性、日頃の仕事のやり方、社長の意思決定の〝クセ〟、資金状況や取引先の経営状況など細かなことまで理解しているはずです。それだけに、そんな役員が首を縦に振ってくれれば、事業承継がスムーズに進む可能性があります。

ただし、懸念もあります。

まず、その役員の経済力、資力です。オーナー経営の事業承継では、自社の株式を買い取る必要があり、その役員には株式を買い取る資力が必要なのです。テクニックとしては取引銀行からの借入れに頼る、非上場株式の評価額を引き下げるなどの方法もないわけではありませんが、健全に営んでいる企業の株価はそれなりに高額で、その額を前に怖《お》じけづく役員・社員もいるはずです。

また、非上場株式の評価額を引き下げるには、それなりの時間がかかります。そうした背景もあり、まとまった資金が用意できずに次期社長になることを断る可能性もあります。

さらに、経営権を役員という他人に譲ることになるので、社長の本心として一抹の不安を感じるケースもあるでしょう。

対応としては、現社長と後継候補の役員、さらに事業承継に詳しい税理士などの専門家が十分に話し合い、その役員が事業を継ぐにあたってネックになることをつぶしていくほかありません。

なお、親族の中には、

「あの人が社長を継いでくれるなら、私は社長ではないけど経営陣として加わってもいい」

と言ってくれる人がいるケースもあり得ます。消極的な賛同であり、後継社長は次の親族内承継のための〝リリーフ〟ということにもなり得ます。

その場合、株式の分散の問題もありますが、5年、10年かけて親族が事業を承継していくケースもあるのです。

他社の社長に頼む

親族にも社員にも承継してもらうことができないとなれば、同業はもちろん、懇意にしている他社の社長に承継してもらうことを考える経営者もいます。

スキームとしては、後述するM&Aによる承継、第三者承継の一つですが、ポイントは後継者を外部に求めるということです。この場合、M&Aの手法としては後述する事業譲渡や株式譲渡などを行うケースが多いようです。

懸念されることは、親族外の社員に承継してもらうことと同じです。ただし、相手の会社に資力がなければそもそも引き受けてくれませんし、逆にスムーズに進めば、いわゆる売却の対価としてまとまったお金を元の社長は手にすることも可能です。

なお、他社の社長に事業の承継を頼む場合、結局のところM&Aの手法を駆使するのですから、相手企業の社長や自社の顧問税理士に、そのスキルや経験が乏しいこともあり得ます。その場合には、M&Aに精通した専門家や専門機関の力を借りないといけません。

■事業承継の「マッチングサイト」で後継者を選ぶ

身近にふさわしい後継者がいないと思えるような場合は、後継者募集の「マッチングサイト」に登録し、応募を待つ方法もあります。最近は国や自治体、金融機関などが関わるマッチングサイトも増え、後継者難の解決の分野でちょっとしたブームになっています。若い経営者の事業売買が多いような印象を受ける人もいるかもしれませんが、高齢の社長が「ぜひ、若くて意欲のある人に事業を継いでもらいたい」と登録するケースもあります。

それこそ日本中、さらに世界中に「後継者募集！」と呼びかけるのですから、思わぬところで思わぬ人が応募してくれる可能性はあります。サイト上で、またリアルで事業観や将来についてなどいろいろ話をしてみて、社長自身が自信を持って、この人に経営を譲りたいと思える人に巡り合えればよいのですが、必ず後継者が見つかるとは限りません。その点は留意しておきたいものです。

■誰も後継者に選ばないという選択肢も

なお、本題からは少し離れますが、どこにも、誰も後継者がいない場合、廃業も選択肢の一つとして考えておくのは悪いことではありません。廃業は倒産とは違います。事業継続の価値より解散したときの価値のほうが高い場合、取引銀行もそれを勧めることがあります。

倒産は、これ以上事業を継続できないと判断し、法的に清算することですが、廃業は会社の債務（負債）を完済して会社をたたむこと。そのほうが社長にとって〝手残り〟を持って会社をたためるケースも多いものです。

「後継者選び」の観点からは「誰も選ばない」という選択ですが、きちんと廃業できれば後継者難からは解放され、安心して自分の〝次の一歩〟を踏み出せます。

といっても、雇っていた人を解雇しなければならず、取引先にも意を尽くして説明しなければなりません。債権・債務の整理など顧問税理士に協力を仰ぎ、進めていく対策はたくさんあります。決して安易に考えることはできず、慎重に対応する必要があります。

1-3

親族内承継、社内承継、親族外承継、M&A……さまざまな「引き継ぎ方」

後継者は誰か、どんな人が引き継ぐかは前項で示したとおりです。それはすなわち、「引き継ぎ方」を示しています。その引き継ぎ方の種類を見ていきましょう。

なお、これらの引き継ぎ方は一般的な呼称であり、M&Aの具体的な手法を除くと、税法などの法律に規定されているものとは限りません。その点に注意してください。

■親族内承継と社内承継の種類

社長の子や孫、兄弟姉妹、甥や姪などの親族に継いでもらうことを親族内承継といいます。親族内承継では一般的に、社長の子が継ぐケースが多いでしょう。親族ではない自社の役員や社員に継いでもらうことを社内承継と呼びます。

社内承継のうち、役員が自社の株式を買い取ることで継ぐケースがあります。それをMBO

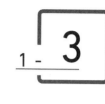

「Management Buyout（マネジメント・バイアウト）」といいます。会社経営（マネジメント）を親族外（アウト）によって買収（バイ）されるということです。

ＭＢＯについては継いでもらうより買収されるケース、すなわち役員が自社を乗っ取るケースもあり、かつてはこのニュアンスで語られていたこともありました。ですが今日では、一般的には自社株を譲渡する、買い取るとなると大きな額のお金が動くため、オーナー社長と役員双方の綿密な話し合いによって事が進みます。なお、株式を譲り受ける役員は１人ではなく複数であるケースも多く、その場合、譲り受けた株式数、すなわち出資額によって代表者が誰になるかが決まるケースが多いです。

一方、役員ではない社員（従業員）が株式を買い取ることで事業を継ぐケースもあります。これをＥＢＯ「Employee Buyout（エンプロイー・バイアウト）」と言います。昨今、従業員持ち株会を設けている中小企業も多く、その持ち株を保有する従業員のうち、「これは！」という人物の株式比率を高め、事業を継いでもらうことにするケースもあります。

ただし、中小企業では現実にはそれほど見受けられません。実質的に会社を継げるほどの人材は役員になっているからです。

なお親族外承継では、経営を親族外に任せ、株式は社長もしくは親族内で保有し続けるという方法もあり、その手法も少しずつ浸透してきました。経営と株式の両方を継いでもらおうと考えるから後継者難に陥るという背景がある場合など、引き継ぎ方の選択肢としてはアリでしょう。

また、親族外承継と第三者承継を分ける考え方もあります。その場合、親族以外の役員・社員への承継を親族外承継、自社以外の他社（他者）への承継を第三者承継と呼んでいます。

■第三者承継ではM&Aの形態をとることも

親族外承継、第三者承継では、他社の経営者が事業を買い取ったり会社を合併したりするケースが多く、その場合はM&Aの手法を活用します。その手法自体は第4章で述べます。

一方、最近では、特に小企業や伝統産業、飲食事業、旅館業など社員を雇っている個人事業において「継ぎ手・後継ぎ・後継者募集」といった触れ込みで、前述のマッチングサイトによって事業の継ぎ手を見つけるケースもあります。これも、親族外であれば第三者承継に含まれます。

これら「引き継ぎ方」とともに、特に親族外承継・第三者承継のメリット・デメリットを次ページ図表1－3にまとめてみました。ご参照ください。

図表１－３

引き継ぎ方の種類と親族外承継のメリット・デメリット

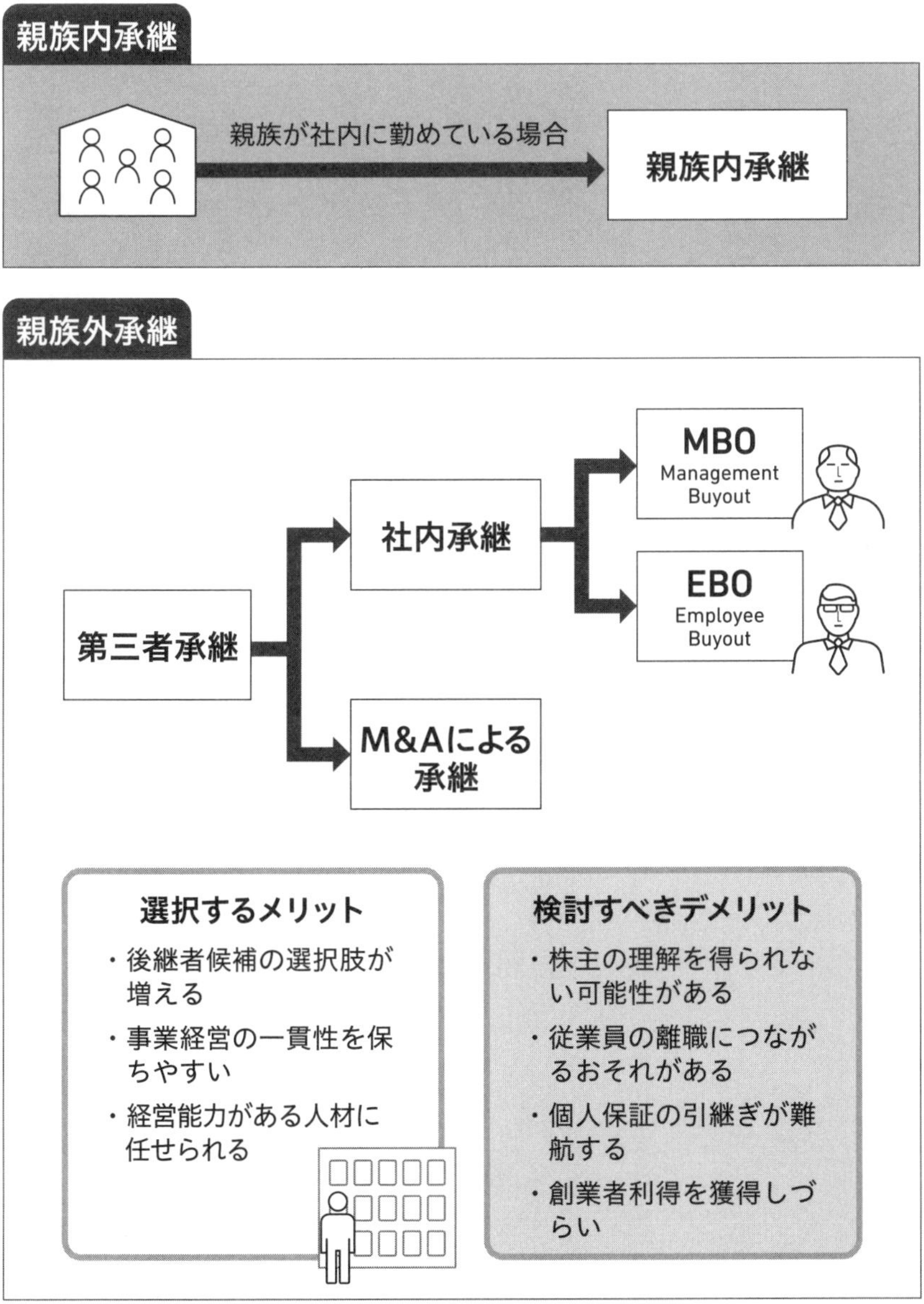

1-4

事業承継はまず、何を継いでもらうのかを明確に

事業承継の細かな手順に入る前に、典型的な親族内承継を中心に、事業承継の大枠の流れを確認していきましょう。ここでは親族のうち「誰が後継者になるか」が決まっていて、いわゆる「後継者教育がひととおりできている」ことを前提として解説します。

ちなみに後継者教育は、後継者候補を社員にして幹部社員や役員などの経験を積んでもらうほか、〝他社修業〟をしてもらうなど数年がかりで行うケースも多いもの。それは個々の企業によってやり方が異なります。

■なぜ事業承継するのか、まず、原点に立ち返る

事業承継には、会社の存続を図る目的のほか、実は廃業コストがかさむのを抑えたり、承継によって得た資金を自分の目的に活かしたりなど、さまざまな目的があります（次ページ図表1－

図表1－4

事業承継では目的と対象を明確に

事業承継の目的は何か

- 会社の存続を図る
- かさむ廃業コストを抑える
- 得た資金を自分の目的に活かす

何を引き継いでもらうのか
（事業承継の対象は何か）

- 株式会社では、実質的に自社株式
- 自社株式は保有したまま、経営を任せる（継いでもらう）という対応もある
- 個人事業では株式はないので、株式ではない事業用の資産を継いでもらう
- オーナー企業では社長の個人資産を事業に使っている例も多いので、どんな承継のしかたをとるか、検討も必要

4参照)。その目的意識を社長自身が明確に持っていないと、事業を継いでもらうという意識が希薄になり、安易な、かつ余分なコストがかかりがちな手法をとってしまうことにもなりかねません。

ですから、なんのために事業承継を行うか、目的をはっきりさせることが先決です。

社長が高齢になり、順調だった事業を子などに継いでもらうケースもあれば、まだ活躍できる年代の社長が、厳しくなった経営状態を自分で改善するのは現実的にむずかしく、誰か別の人に立て直してもらいたいと思って継いでもらうケースもあるはずです。

特に後者の場合は、「自分ではダメだ」と安易に廃業を考えると、社員の解雇をはじめ、莫大な労力やコストを背負わなくてはいけないことになります。そうした苦難を少しでも避けることを目的に事業承継を行うこともあるのです。

なお、順調に事業承継を行うことができれば、承継した社長にはいわゆる創業者利得などのお金が入ってきます。これまでの経営で培ってきた実績による功労金ともいえますし、引退時の退職金といってもよいでしょう。これまで頑張ってきたのですから、それを老後資金のアテにするのも悪いことではありません。

「余裕のある老後を過ごすため」。それも立派な事業承継の目的といえます。

何を引き継いでもらうのかをはっきりさせる

次に重要なのは、事業承継で引き継いでもらう対象です。最終的には非上場株式を引き継いでもらうといっても、実際に何を引き継いでもらうのか明確に、いわば目に見えるかたちで示しておかないと後継者も迷いが生じるでしょう。

前述しましたが、事業承継において実質的に現経営者から後継者に引き継がれる具体的な対象は、次の3つに集約されます。それらすべてを引き継いでもらうケースが多いのですが、正確にいうと個別に引き継いでもらうしくみもあります。

①経営権
②事業用資産
③知的資産

オーナー経営の株式会社の場合、経営権は実質的に後継者が過半数の株式を所有すれば成立します。経営方針はすべて株主総会で決まることになりますが、後継の経営者が過半数の議決権のある株式を持っていないと、実質的に何も決めることができなくなります。

また、株主総会には特別決議というものがあり、3分の2以上の議決権がないと可決できません。もちろん、どれほどのオーナー企業がきちんと株主総会を開いているかという問題はありますが、少なくとも事業承継において3分の2以上の議決権を持つ、すなわち経営権を持っていないと、自分なりの経営ができにくくなります。後継者側から見れば、それだけの株式を譲渡してもらえる資力が必要ということです。

なお、株式を持たない個人事業では、株式譲渡による事業承継を行うことはできませんが、事業用資産の譲渡は個人事業の事業承継でも行うことができます。事業用資産のいっさいを後継者に引き渡せばよいのです。有償・無償、いくらにするかは代表者と後継者が話し合って決めます。ただし、その譲渡が贈与とみなされるケースがあることには注意しましょう（納税猶予の制度もあります）。

一方の株式会社の事業承継では、事業用資産は会社の所有物ですから、後継者が会社の株式の3分の2以上を譲り受け、経営権が承継されたのであれば、事業用資産を引き継いだことになります。

ただし、オーナー企業の場合、自動車や倉庫、パソコンやアプリなど実質的に社長の個人資産を事業に使っている例も多く、その資産の譲渡では贈与とみなされないかどうかなど注意が必要です。

具体的には、社長の個人資産としての事業用資産も対価を適正に計算して承継してもらうほか、承継という方法はとらずに賃貸契約を結び、レンタルにする方法などがあります。

1-5 事業承継の方法と手順を知ろう

実際に事業承継を進めていくには、その方法と手順を理解しておくことが欠かせません。方法については前述のとおり、後継者の違いにより、①親族内承継……親族が後継者、②親族外承継……社員や経営者の知人など親族以外が後継者、③M&Aによる事業承継……M&Aでの買い手が後継者の3種に大別できます。

ただし、事業承継の手順としては親族内承継・親族外承継は基本的には同様であり、M&Aによる事業承継はそれとは異なります。そのため、2つに大別されると考えてかまいません。

親族内承継・親族外承継の手順と流れ

親族内承継・親族外承継の手順・流れは、次ページ図表1-5のようになります。

きわめてオーソドックスな例を示しましたが、法定されたものでもなく、実情は順番が前後し

図表1－5

親族内承継・親族外承継の手順

(1) 会社・事業の現状を把握する 後継者候補の選考と事業承継計画書を策定するため

売上や利益といった損益面だけでなく、資産や借入れ、負債などの貸借面がどんな現状にあるかを確認

↓

(2) 後継者候補のリストアップを行う

数人の候補者の中から１人ずつ説得してまわることも想定

↓

(3) 後継者の決定 ＝親族内承継か親族外承継かが確定

後継者候補の属人的な個性や能力によって、現社長の労力や負荷が変わる

↓

(4) 事業承継計画書を策定する 特に後継者の教育と経営の改善策にメドを立てる

一定期間の後継者教育に併せ、経営が厳しい状態にあれば、その改善の努力を怠らないようにすべき

↓

(5) 社員や取引先などに後継者への事業承継時期を知らせる

承継の時期が近づいた時点で、社員や取引先にあらためて説明する

↓

(6) 会社・事業の現状の把握と改善策の実施

より長い目でバトンタッチできる素地をつくっていく

↓

(7) 経営者を交代し、事業承継の完了

事業への関わり方は、退く社長自身の考え方次第。関係者の不安を煽るようなことはしない

たり、手順を端折ったりするケースも一般的です。順を追って見ていきましょう。

(1)会社・事業の現状を把握する

まず、図に示した「事業承継計画書」は事業承継税制という税制を利用するうえでも有用なことです。ところが、実際には事業承継税制を利用せずに事業承継を行うケースも多いもの。ただし、事業承継にあたっては会社・事業の現状を把握することが欠かせません。特に売上や利益といった損益面だけでなく、資産や借入れ、負債などの貸借面がどんな現状にあるかをしっかりと確認しておきたいものです。

(2)後継者候補のリストアップを行う

後継者候補のリストアップはできているケースもあれば、できていないケースもあります。リストアップを行う場合は、社長の子や役員など1人に絞れていればよいのですが、昨今の後継者難の事情を踏まえると1人に特定できず、数人の候補者の中から1人ずつ説得してまわることも考えられます。

すると、誰も首を縦に振ってくれないケースもあり得ます。もちろん、リストアップできる人材がいないケースもあります。そのため、(2)候補者のリストアップから(3)候補者の決定まで、ずっと尾を引き、先に進めない可能性もあるのです。

(3) 候補者の決定

候補者が「この人物」と決まれば、ほぼ自動的に親族内承継か親族外承継かが決まります。どちらにしても、以後の手順で行うべきことに大きな差はなく、むしろ後継者候補の属人的な個性・能力によって現社長の労力・負荷の程度が変わってきます。

後継者としては自分が後継者になると決めた以上、その自覚・覚悟を持って、次代の経営を担う用意に邁進していくことが欠かせません。

(4) 事業承継計画書の策定

これは前述のとおり、しっかりした計画書をつくるケースもあれば、そうともいえないケースもあるのが実情です。いずれにしても、現社長としては一定期間の後継者教育に併せて、経営が厳しい状態にあれば、まず、その改善の努力を怠らないようにすべきです。納得のいくかたちでバトンタッチを行えるようにしたいものです。

(5) 社員や取引先への周知

この段階ですでに、後継社長になる人が誰かをそれとなく気づいている社員はいるでしょう。社員を通して事情を聴いている取引先もあるはずです。しかし、いずれにしても後継者が決定し、承継の時期が近づいた時点で、社員や取引先にあらためて説明します。特に取引先には、挨拶まわりの一環として紹介していくのもよいでしょう。

(6)会社・事業の現状の把握と改善策の実施（後継者教育、経営改善）

後継者教育と経営改善は、54ページ図表1－5に示す手順より早い時期に始めているケースも多く見られます。しかし、いずれも半年や1年で教育が終わったり、経営改善が実現できたりするものでもありません。長い目で見てバトンタッチできる素地をつくっていくことが大切です。

(7)経営者の交代

事業承継の完了段階では、新社長の披露パーティーを実施する企業もあります。大事なことは退く社長が今後、どんな立場で会社に関わるか、また関わらないのかを社員や取引先、特に取引銀行にきちんと伝えておくことです。取引先や取引銀行に対しては、社長の個人保証や担保をどうするかなど、明確に決めておくことがたくさんあります。

事業への関わり方は、退く社長自身の考え方次第です。会長職に退いて経営を見守る人もいれば、きっぱりと社業から離れる人もいます。いずれにせよ、不用意に関係者の不安を煽るようなことはすべきではありません。

なお、「M＆Aによる事業承継」については第4章で述べます。

1-6 事業承継で活用したい各種制度と支援策

事業承継では、補助金、税制、金融など各種制度と支援策があります（次ページ図表1－6参照）。オーナー社長はなんでも自分の手でやろうとする人が多いため、逆にこれらの支援策に疎い面があるかもしれません。

ですが、むしろ余分な負担を避けるためにも経理や総務部門に情報収集を手伝ってもらい、積極的に活用したいものです。

■税制面の支援では、「事業承継税制」をまず検討

主に、親族内承継に活用されている事業承継税制は、経営承継円滑化法（以下、円滑化法）に基づく認定のもと、会社や個人事業の後継者が取得した一定の資産について、贈与税や相続税の納税を猶予する制度です。

図表１－６

事業承継の各種制度と支援策

税制 事業承継税制	会社や個人事業の後継者が取得した一定の資産について、贈与税や相続税の納税を猶予する制度
融資 事業承継・集約・活性化支援資金など	事業承継のために株式や事業用資産を買い取る資金の融資を受けられるほか、事業承継後に発生する相続税や贈与税の納税資金が対象
保証 事業承継特別保証制度	通常の保証枠とは別枠で、事業承継時に一定の要件の下で経営者保証を不要とする制度
経営者保証改革プログラム	一定の条件のもと、経営者保証を解除
補助金・助成金 事業承継・引継ぎ補助金	事業承継後、設備投資や販路拡大などの新しい取り組みを行う資金、M&A による事業承継を行う場合の必要資金、新規事業立ち上げのための現事業の廃業資金などが対象
民法や会社法の特例 所在不明株主に関する会社法の特例の前提となる認定	経営承継円滑化法の特例で、所在不明株の買取りまでの期間を５年から１年に短縮

この事業承継税制には、会社の株式などを対象とする「法人版事業承継税制」と、個人事業主の事業用資産を対象とする「個人版事業承継税制」があります。

この税制を活用すれば、相続や贈与によって株式や事業用資産を承継した後継者は、相続税または贈与税の納付が猶予され、さらに事業承継税制を利用した後継社長が亡くなるなど一定の要件を満たせば、相続税・贈与税が免除されます。

ただし、詳細は紙幅の都合上省きますが、手続きがかなり複雑なうえ、満たさなければならない要件も多岐にわたります。また、全国の税理士、専門機関、コンサルティング会社、金融機関などが加盟する認定経営革新等支援機関への相談も前提の要件となっています。オーナー社長が自分1人で独自に事業承継税制を利用して後継者に継がせるというわけにはいかないのです。

制度の利用にあたっては中小企業庁のホームページで公開されている認定経営革新等支援機関(https://www.chusho.meti.go.jp/keiei/kakushin/nintei/)を調べ、最寄りの支援機関に相談してみるとよいでしょう。相談し、制度内容について理解すれば、事業承継に関する優遇策が用意されていることを、それこそ〝芋づる式〟に理解できるようになります。

なお、税理士に協力してもらって自社株の評価を大きく引き下げることができれば、相続税・贈与税の負担も、それほど大きくはならないケースもあります。そのような場合は事業承継税制を利用しない社長もいます。

融資の支援では、事業承継に要する資金や承継後の納税資金が対象に！

事業承継に関する融資の支援としては、円滑化法による金融支援があります。事業承継のために株式や事業用資産を買い取る資金の融資を受けられるほか、事業承継後に発生する相続税や贈与税の納税資金が対象です。

融資を受ける場合は、日本政策金融公庫（沖縄県の場合は沖縄振興開発金融公庫）の融資制度を利用しますので、まず、最寄りの同機関の窓口に相談に行きます。なお、新型コロナウイルス感染症の蔓延以降、金融機関では完全予約制をとっているケースもありますので、ホームページなどで事前確認・申し込みをする必要がある場合もあります。

なお、保証については、信用保証協会の通常の保証枠とは別枠で受けられるケースもあります。ただし、それは円滑化法に基づく制度であり、都道府県知事から認定を受ける手続きの煩雑さもあります。

経営者保証を解除する支援策もある

前述のように、事業承継を行うと社長が行った個人保証や担保提供がどうなるかが大きな課題でした。

従来、中小企業の社長や個人事業主が、金融機関から運転資金の融資を受ける際には、社長の連帯保証や担保の差し入れを求められることが常態化していました。この個人保証は、オーナー社長にとって重い負担となるものですが、それでも運転資金を借りなければ、経営が成り立たない現実があったのです。

後継者としてはこのような状況を嫌い、「そこまでして責任を負いたくはない」と、後継社長になることを拒むケースもあります。そこで商工会議所や全国銀行協会などでは「経営者保証に関するガイドライン」を策定し、安易に経営者保証を求めず、また現在ある経営者保証はできるだけ解除しようという方向になっています。

たとえば政府系金融機関では無担保・無保証の融資を拡充しつつあるのも事実です。ところが、それが広く浸透しているとはいえません。また、社長が高齢だと運転資金の融資に対して社長が亡くなったときに残債を保険で賄う団体信用保険（団信）が適用されるケースもあります。それにより政府系金融機関と融資を受ける側の双方が一定の安心を得られますが、〝安心料〟として返済利率が少し高くなります。

前述した「経営者保証に関するガイドライン」の趣旨に則して、公的機関として各都道府県に設置されている事業承継・引継ぎ支援センターでは、経営者保証を解除するサポート事業を行っていました。ところがこの事業は、２０２３年3月31日に終了しています。以後の金融機関との交渉などは、認定経営革新等支援機関による経営改善計画策定支援事業における経営者保証解除に係る支援となります。

また、全国の信用保証協会では、事業承継時に経営者保証を不要とする新たな信用保証制度（事業承継特別保証制度）の取扱いを開始しています。

毎年、実施される補助金・助成金の支援

中小企業庁では、「事業承継・引継ぎ補助金」を毎年、実施しています。事業承継後、設備投資や販路拡大などの新しい取り組みを行うための資金、M&Aによる事業承継を行う場合の売り手・買い手の必要資金のほか、新規事業立ち上げのための現事業の廃業資金などが対象です。

この「事業承継・引継ぎ補助金」は2025年度も「事業承継・M&A補助金」に名称を変えて実施されます。中小企業の生産性向上、持続的な賃上げに向け、事業承継の際の設備投資や、M&Aの専門家などの活用費用などを支援する制度です。

このような補助金を受けるには、「第○次公募」などと期限があります。締め切りを逃すと申請そのものが受け付けてもらえないため、公募内容が確認できる専用サイト（https://jsh.go.jp）を随時、確認する必要があります。また、必要書類を取り揃えオンライン上で申請し、まず、補助金の受給について採択されなければなりません。

なお、これら補助金の申請手続きなどを有料で代行してくれる税理士などの専門家もいます。ただし、一部にはこれらの補助金を含め「期限が限られ、その情報をキャッチアップしなければ対応できない制度」に積極的ではない税理士がいることも確かです。税理士に依頼する場合、「補助金制度に詳しい税理士に」とはよく言われますが、それはこのような「スポットの依頼」もいとわない税理士のことです。

■民法や会社法にも特例による支援がある

円滑化法では、次の2つの支援もあります。

①遺留分に関する民法の特例

②所在不明株主に関する会社法の特例の前提となる認定

先代社長の法定相続人が後継者以外にもいる場合は、ほかの相続人から遺留分侵害額請求を受け、後継者が相続した自社株式や事業用資産の一部を引き渡さなければならなくなったり、遺留分侵害の額を代償しなければならなくなったりするおそれがあります。そうなると、経営に支障が生じるケースが多々あります。ところが、円滑化法を活用すると、その状況を防げるようになります。

また、中小企業では、かつての役員や取引先などに少数株主となってもらうことも少なくありませんでした。いわゆる持ち株会的な組織や株式の持ち合いです。その後、役員が退職したり取引がなくなったりして、株主と連絡が途絶え、どこでどうしているかわからなくなってしまうこともありました。こうした株主のことを所在不明株主といいます。

事業承継の際には所在不明株主が持っている株式をどう扱うか、が問題です。そこで会社法では、5年以上連絡の取れない所在不明株主の株式は、裁判所の許可を得たうえで買取りを認めています。円滑化法の特例では、その5年の期間を1年に短縮することが可能です。所在不明株主が持つ株式については、早期に〝決着がつく〟。このことにより、事業承継がスムーズに進むケースもあるでしょう。

税制の改正動向も踏まえておこう

事業承継・M&Aのしくみを押さえるには、毎年行われる税制改正の動向を押さえておくことも大切です。2024年度の税制改正では、事業承継税制の適用期限が延長されたほか、M&Aの対価の損金算入が7割から10割に拡大されました。

M&A対価の損金算入はM&Aによる生産性向上を目標に設定した計画を作成し、認定を受けた中小企業が税制の優遇措置を受けられる経営資源集約化税制が拡充されたものです。2027年3月31日までに事業承継等事前調査（実施する予定のデューデリジェンスの内容）に関する事項が記載された経営力向上計画の認定を受けた中小企業が対象です。

M＆Aにかかる株式取得額を損金算入できる額は従来70％でしたが、最大100％損金算入できるようになりました。また、対象は中小企業同士のM＆Aから中堅企業（従業員2000人以下）のM＆Aまで拡大されました。

M＆Aにかかる費用は事業再編投資損失準備金積立額として計上でき、株式取得額のほか、デューデリジェンス費用やM＆Aアドバイザリー費用などさまざまな費用が含まれます。その費用の最大100％を損金算入できることになります。

売り手企業・買い手企業の面から捉えれば、この改正により、買い手企業の費用負担が法人税で軽減されるのですが、そのことにより、M＆Aを活発化する効果が期待されます。中小企業庁でも、『中小M＆Aガイドライン』を作成し、版を重ねることで、第三者への円滑な事業承継をあと押ししています。

1-7 親族外承継で、事業承継税制の適用を受ける際の注意点

親族内承継での事業承継税制に関する制度内容の詳細、細かな手順などについては紙幅の都合上省きます。ここでは2015年1月から適用され、事例としても増えつつある親族外承継で、事業承継税制の適用を受ける際の注意点に関して、

①先代経営者の親族との問題
②個人保証の引継ぎ
③後継者の意識改革

に絞って見ていきます（次ページ図表1－7参照）。

■先代経営者の親族が持つ抵抗感を理解する

先代経営者の親族との問題としては、「事業や財産を他人に譲ることへの抵抗感」を理解する

図表1－7

親族外承継での事業承継税制適用の留意点

事業承継税制では、2015年1月から親族外も適用可に

① 先代経営者の親族との問題	事業や財産を他人に譲ることへの抵抗感を理解する
② 個人保証の引継ぎ	事業承継税制を規定する円滑化法による事業承継特別保証制度がある
③ 後継者の意識改革	事業承継の前にしっかりと後継者の意識改革を行う必要がある

ことが大切です。特に事業を代々営んできたような家系の場合、親族外承継をオーナー社長は理解しても、いわゆる「家業」の支配権（経営権）を他人へ譲ることに強い抵抗を示す親族がいるケースも多くあります。

　こうした親族が対象法人の株主であったり重要な取引先であったりする場合は、円滑な事業承継の妨げとなる可能性もあります。その解決法は、先代経営者が存命のうちに関係者でじっくり話し合うことしかないのかもしれません。

　財産については、事業承継税制の適用を受けるには、後継者が対象法人の株式の過半数を贈与または相続によって取得する必要があります。贈与または相続による取得には対価性がありませんから、抵抗感を持つ親族から見ると財産が親族外へ流出すると感じてもし

かたありません。先代経営者は納得したうえで贈与し、また生前対策として相続を考えるでしょうが、先代経営者の親族が同じく納得するとは限らないところに親族外承継のむずかしさがあります。この点も、先代経営者が存命のうちに関係者でじっくり話し合うこと以外に解決・解消の方法はありません。

個人保証の引継ぎに関しては国も支援を始めている

個人保証（経営者保証）の引継ぎの問題は、前述したように、経営者保証の引継ぎが事業承継の障害となっています。そうした状況を踏まえ、事業承継時に後継者の経営者保証を可能な限り解除していくため、事業承継時に一定の要件のもとで、経営者保証を不要とする信用保証制度（事業承継特別保証制度）を創設しています。

事業承継特別保証制度は、法人の所有と経営の分離がなされていることのほか、金融機関で返済のリスケ中でないことなど、いくつかの要件を満たせば適用を受けることができます。

後継者の意識改革が、より重要な要素に

経営者の親族であれば、自社に入る際、「自分が後継者になる」という意識を持って入社する

こともあるでしょう。ところが、親族外の人がこういった意識を持って入社するケースはほぼありません。

社員を後継者候補にする場合はその社員の意識を改革し、近い将来に経営者になる覚悟を持ってもらう必要があります。この意識改革を適切に行うことができれば、会社を成長軌道に乗せることもできるでしょう。ところが、意識改革・マインドセットはそれほど簡単にできるものではありません。

後継者の意識改革を十分に行えないまま事業承継すると、プロローグで示した例のように「後継者が辞任する」という事態を招きかねません。そうなると企業経営が混乱するため、事業承継の前にしっかりと後継者の意識改革を行う必要があります。

また、実際に経営を任せてから1～2年は経営者としてのマインドセットを教育として行い、見守っていく必要もあります。

第2章

まずは自社の経営状態を健康診断

【事業承継の実践1】

2-1

自社の経営を分析してみよう

事業承継にあたって自社の経営を分析するには、複数の観点から見ていく必要があります。まず、単刀直入に「自社がいくらくらいの値段・価値になるのか」です。株式会社のオーナー経営の場合、自社の値段・価値とは非上場株式の値段・価値と考えてよいでしょう。

自社の経営を分析して改善点を見いだし、改善策を着実に実行し、成長していく。これは普段の経営においてはとても大事なことです。ところが、「事業承継にあたって」という観点に着目すると、今の自社の値段・価値を確認し、その値段・価値を上げてから継いでもらうのか、下げてから継いでもらうのかの判断がより重要です。

いわゆる「中小企業の経営指標」的な分析は、実はあまり行わない

値段・価値を上げてから継いでもらえば、後継社長のもとで働く社員たちは安心して働くこと

図表２－１

中小企業の経営指標分析はあまり行わない

中小企業の経営指標

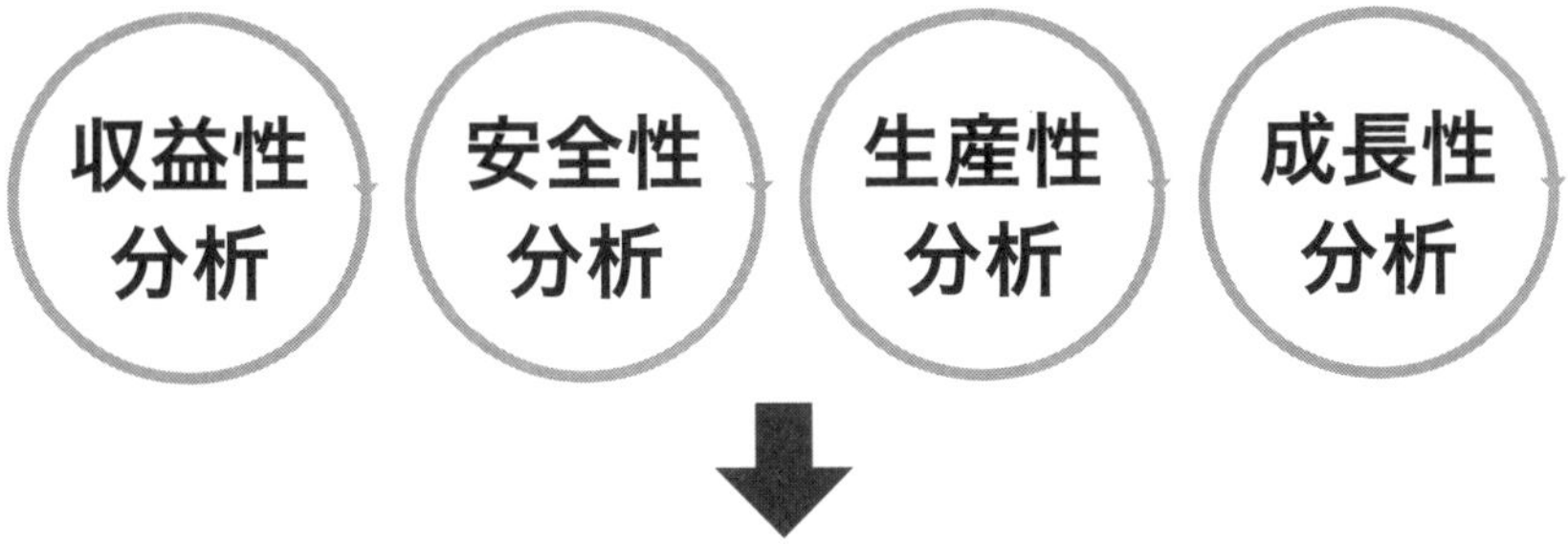

事業承継そのもののためには、現実にはあまり行わない。それ以上に自社株評価の具体的な対応が重要

ができるでしょう。一方で、値段・価値を少しでも下げておかないと、継いでもらいたいと思っても継ぐ人に資力がなければ継いでもらえません。

一般に経営分析では数値が良好であることが求められますが、事業承継においては数値が良好であったとしても、「より安い価値」であるという観点も大事なのです。「いいものを、より安く」といってしまうと陳腐ですが、そのような分析結果が求められます。

そうした背景もあるためか、事業承継にあたって自社の経営を分析するとき、いわゆる「中小企業の経営指標」にあるような指標分析はあまり行いません（上図表２－１参照）。なお、中小企業の経営指標調査そのものも２００３年調査をもって廃止され、中小企業実態基本調査に引き継がれています。経営の経年変化を見る際には重要な指標ですが、その分析で他社比較をしても現実的な意味はなく、時価（事業承継の具体的な検討時点での価値）が重視されるので、あまり意味がないということです。

また、「誰にとって経営分析が重要なのか」、この観点に立つと、明らかに現社長にとってより、後継社長にとって重要なのです。この点も、理解しておきたいものです。

■セルフ・デューデリジェンスを行う企業もある

なお、後述するデューデリジェンス（企業の価値やリスクを調査する一連の手続き）では、「セルフ・デューデリジェンス」という対応もあります。自社の経営状態と課題に関して外部の専門家を使って分析する手法で、問題点を抽出してくれます。社員数十人、年商数十億円規模の、中小といっても少し大きめの企業でも、財務内容について、意外と帳簿と実際の金額が合わないことが頻繁に出てきます。そこで、このような手法を取り入れる企業もあります。

非上場株式の株価についても、親族内外の事業承継であれば3年、5年かけて引き下げる対策が欠かせず、一方で、M＆Aによる事業承継で売却するのであれば、引き上げるような対策が求められます。

どういう事業承継を行うかによって、経営分析の重点の置き方も対策も変わってくるということを覚えておきましょう。

2-2

現社長も再チェックしておきたい財務諸表の分析（損益計算書）

分析はあまりしないといっても、親族内・親族外いずれの承継にかかわらず、後継者や現社長は事業承継を控えて自社の経営の現状をチェックしておかなければなりません。現状把握の場合、重要なのは定性的な経営状況もありますが、定量的・経営数字の面を貸借対照表・損益計算書・キャッシュフロー計算書、いわゆる財務3表から確認することです（なお、中小企業ではキャッシュフロー計算書を作成していないケースもあります）。

ごく大まかにチェックポイントを示すと、

①これから損失が出るが、現時点では加えられていないものはないか

②記載された資産価値と取得時の資産価値が異なるものはないか

などです。これら財務3表と実際の数字（金額）に異なるものがあると、現社長の信頼感が損なわれ、後継社長は余計な負担を背負い込むことになりかねません。

■後継社長のためにも、損益計算書で収益性と成長性は確認しておく

事業承継にあたって自社の経営を分析するとき、いわゆる「『中小企業の経営指標』にあるような指標分析はあまり行いません」と述べました。ただし、まったく行わないわけではなく、「収益性はあるか（収益性分析）」と「成長性はあるか（成長性分析）」は比較的行われています。後継社長にとっても収益性と成長性は引き継ぐうえで重要な尺度です（次ページ図表2－2参照）。

なお、財務分析には、これらのほか「安全性分析」や「生産性分析」などがありますが、安全性の極端に低い企業は事実上、事業承継の対象にならず、生産性の高低は業種などによる差も大きく、参考にならないケースがあります。

⑴収益性をどう見るか

まず、収益性があるかどうかは、

①投入した資本がどれだけ売上を生み出しているか

②売上に対してどのくらいの利益を生み出しているか

です。わかりやすいのは②売上に対してどのくらいの利益を生み出しているか、です。指標としては、売上高総利益率、売上高営業利益率、売上高経常利益率、売上高当期純利益率（すなわ

図表２－２

収益性分析と成長性分析

収益性分析

売上に対して
どのくらいの利益を
生み出しているか

売上高総利益率、売上高営業利益率、売上高経常利益率、売上高当期純利益率など。それぞれの利益額を売上高で割り、率を算出する

成長性分析

増収増益か増収減益か
減収減益か減収増益か

売上高や利益など一つの指標を経年で比較し、伸び率の推移を見てみる

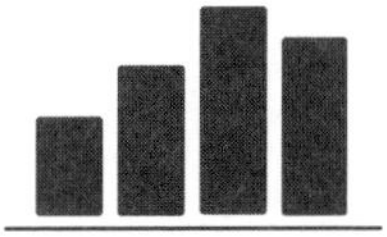

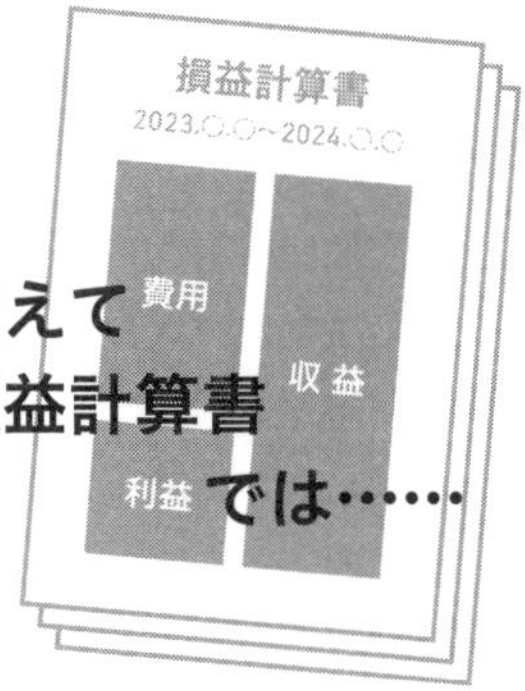

**加えて
損益計算書では……**

販管費などの雑費、営業外費用の雑損失にイレギュラーな処理がないかを確認する

ち売上高利益率）があり、損益計算書に示されたそれぞれの「利益」を売上高で割り、率を見ると、数値が確認できます。

今日、中小企業の経営指標調査は行われず、「中小企業実態基本調査」として各利益率の平均値が示されています。売上高総利益率を例にすると、建設業や製造業では約22%、不動産業や物品賃貸業では約50%、宿泊業や飲食サービス業では約62%と大きな開きがあります。「特定の企業で○%であれば収益性がある」という目安はいえませんが、これらから類推すると、どんな企業でも、低い水準である「20%程度は欲しい」とわかります。

なお、これら分析は単年度で「高い・低い」といってもしかたがありません。3～5年の経年変化を捉え、順調に伸びているか、下降気味かなど傾向を捉えることがより重要です。その意味では売上高総利益率について「20%程度は欲しい」と述べましたが、たとえ10%台であっても順調に伸ばしているほうが収益性は堅調に推移している、といい得るケースもあります。

(2)成長性をどう見るか

成長性については、単年度の比較ではなく売上高や利益など1つの指標で経年比較してみて、何%伸びているか、逆にマイナスになっていないかを見ておくとよいでしょう。増収増益か増収減益か減収減益か減収増益かで4つのパターンに分かれますが、どんな場合も「なぜ、その状況になっているのか」の原因を把握したいところです。原因が明確になれば、後継社長としても、まず打つべき手が見えてきます。

以上は、数期分の損益計算書を用意し、数値を比較すれば分析できます。

利益の中身に注視することが欠かせない

多くの場合、現実には損益計算書を数期並べ、数値の推移・趨勢《すうせい》をチェックすることになります。そのとき、注目したいのは売上高よりむしろ利益です。事業承継においては売上高の高低より継続的な利益が企業価値や事業の継続性に影響するからです。極端にいうと、売上が急激に伸びたのは大口の受注があったなど何かしらの追い風が働いたことも考えられ、その逆に、大口の取引が減少したといったこともあり得ます。大事なことは、いずれの場合も着実に利益を出していること。それを評価すべきです。

なお、損益計算書で把握できる利益の指標からは、「粗利率」「営業利益率」「経常利益率」「税引き前当期純利益率」「税引き後当期純利益率」が算出できます。いずれも「額」で把握するのではなく、「率」で把握していくことに注意しましょう。

最も経営状況がわかりやすいのが営業利益率。たとえば売上高営業利益率が極端に低いと、売上が少しダウンしただけでいっぺんに赤字経営になってしまいます。現実問題として、中小企業の場合、いったん赤字経営を容認してしまうと、「ずっと赤字で法人税を払わなくてよい」という考え方になりやすい傾向もあり、本当に赤字続きだと、資金供給が厳しくなり、自分たちが思っている以上に経営体力がむしばまれます。すると、取引銀行などに継ぐに足る企業ではないと判断される可能性もあります。

■本当に雑費・雑損失にイレギュラーな計上はないか?

損益計算書では、販管費などに含まれている雑費、営業外費用の雑損失に社内的に処理しきれない額が含まれている可能性もあります。たとえば、仕入れや外注費などを水増しして計上している場合などです。事業承継では結局、こういった経理処理も承継されることになります。

また、イレギュラーな売上を簿外にしていたり、計上漏れがあったりすると、正確に分析できず、分析する意味がありません。

これらは決して大きな額ではないかもしれませんが、親族内承継の場合、他人に指摘されないため、「こういうことは今後やめよう」とみずからを正し、適正に計上することが必要になってきます。

2-3

貸借対照表では健全に経営されているかをチェック

貸借対照表はひと言でいうと、会社がどういう資産（負債を含む）をどれだけ持っているかを示した表です（次ページ図表2－3参照）。

そのため、資産の状況が健全であるかどうかがわかります。どの資産をどのくらい所有していれば、どの程度の健全性があるかは事業活動の内容によって変わりますが、当然ながら他人資本が多すぎるのはよくありませんし、また負債が多すぎるのもよいとはいえません。

■資産・負債・純資産のすべてが引き継がれる

貸借対照表の構成は「資産」「負債」「純資産」です。資産には現預金などの金融資産だけでなく、この先、お金として入ってくる売掛金も、土地や建物などの固定資産も含まれます。この資産は多いに越したことはないのですが、あまりに多いと、資産を活かした事業を行っていないと

図表2－3

貸借対照表での分析

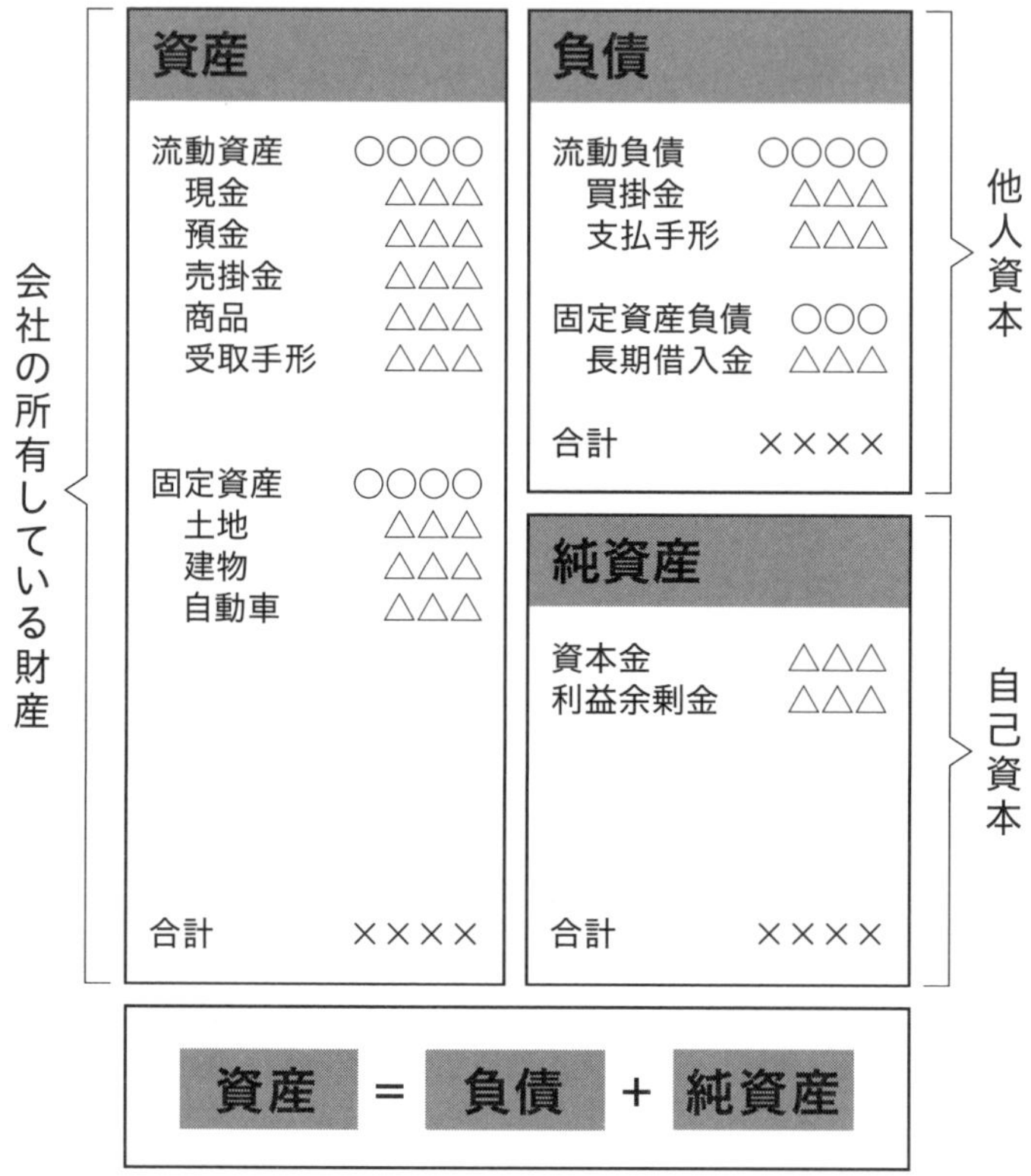

負債比率 ＝ 負債 ÷ 自己資本

自己資本比率 ＝ 自己資本 ÷ 総資本

総資本 ＝ 他人資本 ＋ 自己資本

流動比率 ＝ 流動資産 ÷ 流動負債

いう判断もできなくはありません。

負債には借入金のほか、最近は少なくなったようですが支払手形も含まれます。この負債については借入金が多すぎないかに注意します。多額の借入金は特に低金利の情勢の中では〝攻めの経営〟の証拠と見る向きもありますが、借入れ過多はやがて返済資金が用意できなくなり、〝倒産予備軍〟の証しと見ることもできます。

低金利の時代、借入れを起こしてビジネスをすることは悪いこととはいえません。ですが、返せない借入れは好ましくありません。負債を自己資本で割った負債比率が１００％を割っていれば、負債を自己資本で返せると理屈上はいえます。一方で、現実には１５０％、３００％でも健全に経営している企業はたくさんあります。

ただし、数値が高いほど倒産リスクが高いのは事実です。

自己資本比率を確認するのは金融機関と一緒

貸借対照表の数値で注目されるのは、総資本に占める自己資本の割合、すなわち自己資本比率です。この割合が50％を下まわると、取引銀行などに安定性に欠けた経営をしていると判断されかねません。

また、貸借対照表は損益計算書とは異なり、その会社の資金状況をよく示しています。流動資産（1年以内に現金化が予定される資産）の流動負債（1年以内に支払いを要する負債）に対する割合を示す流動比率が100%を切ると、短期の資金で短期の支払いができないことを示します。資金繰りが不安定であることは否めません。

資産・負債・純資産の各項目の中で、事業承継において個別に注意したいのは負債、特にオーナー社長が会社に貸し付けているお金です。短期借入金などで表示されます。

これまでの経営で、オーナー社長が会社にお金を貸して資金難をしのいだ経験は、多くのオーナー社長にはあるはず。困難を乗り切ったことは認められても、その額は事業承継に引き継がれ、後継社長にとっては債務となり、〝足かせ〟になるケースがあります。小さなオーナー会社では、一定の時期に資本金（出資金）に組み入れて前社長には戻すことをあきらめてもらうケースもあります。また、事業承継の際の前社長の退職金と相殺するケースも多いようですが、相殺しきれない額になっていることもあります。

また前項の成長性と関連しますが、貸借対照表も照らし合わせて見る指標にROEやROAがあります。

①ROE……自己資本利益率（利益÷自己資本）。自己資本に対してどれだけの利益を生み出したのか

②ROA……総資産利益率（利益÷総資本）。自己資本と他人資本を含めたすべての資本（総資本）を、いかに効率的に運用できているか（利益につなげているか）

ＲＯＥの目安は８％、ＲＯＡの目安は５％といわれていますが、これは事業を経営する立場というより投資家の目線で見た目安ともいえます。中小企業の場合、Ｍ＆Ａによる事業承継でチェックするケースが多いでしょう。

これらの目安の率にかかわらず、極端に少ない資本で事業を始め、銀行借入れも少ない状況の中で、着実に利益を出し続けている会社もあります。そのような場合は、ＲＯＥやＲＯＡもかなり高い数値になります。

なお、一概に何％なら大丈夫、というわけではありません。そのため、特に親族内の事業承継においてはＲＯＥやＲＯＡを算出し、事業承継の是非を判断することはまずありません。

2-4

キャッシュフロー計算書では何を見る？

最近は中小企業でもキャッシュフロー計算書をつくることが一般的になってきました。キャッシュフロー計算書は、年度を通じたお金の流れがわかるようになっています（次ページ図表2－4参照）。

よくいわれることですが、利益と資金（現金）は異なります。仕入れが先行するビジネスでは、利益が上がっていても資金が不足する状況は起こるものです。すると、利益が上がっていても倒産せざるを得ない状況もあります。いわゆる黒字倒産で、そうしたリスクをキャッシュフロー計算書では見ていくのです。

また、キャッシュフロー計算書は営業活動・投資活動・財務活動の3つの観点から見ていきます。営業活動のキャッシュフローでは、営業活動で得たお金がどのように配分されているかがわかります。財務活動のキャッシュフロー、投資活動のキャッシュフローも同様に、それぞれの活動で得たお金がどのように配分されているかがわかるわけです。

図表２－４

キャッシュフロー計算書で何がわかるか

1. 営業キャッシュフロー	（百万円）
営業利益	10
法人税等の支払い	-6
役員賞与の支払い	0
減価償却費	4
売上債券の減少〈増加〉	3
棚卸資産の減少〈増加〉	2
その他の資産の減少〈増加〉	-1
買入債務の増加〈減少〉	-4
その他の債務の増加〈減少〉	-1
割引手形の増加〈減少〉	2
営業キャッシュフロー	9

2. 投資キャッシュフロー	（百万円）
固定資産の減少〈増加〉	-8
投資キャッシュフロー	-8
フリーキャッシュフロー（1＋2）	1

3. 財務キャッシュフロー	（百万円）
借入金・社債の増加〈減少〉	0
配当金支払い	-2
財務キャッシュフロー	-2
キャッシュ増加（1＋2＋3）	-1
キャッシュ期首残	52
キャッシュ期末残	51

⑴営業活動のキャッシュフロー……営業活動で得たお金がどのように配分されているか

⑵投資活動のキャッシュフロー……投資活動で得たお金がどのように配分されているか

⑶財務活動のキャッシュフロー……財務活動で得たお金がどのように配分されているか

■中小企業の事業承継では直感的に理解することも大事

キャッシュフロー計算書を分析する場合、複数の活動を直感的に比較することで経営の実情が見えてきます。たとえば、営業活動のキャッシュフローはプラスなのに、財務活動のキャッシュフローは大幅なマイナスになっているとすると、多額の借入れをして黒字経営を維持しているのではないか、と考えられるのです。

また、投資活動のキャッシュフローが大幅なマイナスになった場合は、大きな設備を購入したのか？　それでも営業活動のキャッシュフローに大きな変化がなければ、単年度ではその設備投資を活かしきれていないのではないか、といったことが推察できます。

前項2－2～3を通して、事業承継の経営分析では実情として各種の経営指標を算出し分析することはあまりありませんが、それでも収益が上がっているか、成長の余地はあるか、社長と会社の間で不明瞭な取引はないかなどについては、後継社長とともに外部のアドバイザーなどは関心を持ってチェックします。ひと言でいえば、「身綺麗な状態にして事業を引き継いでもらう」ことが大切なのです。

2-5 自社の核＝コアコンピタンスやケイパビリティを見つけよう

中小企業のオーナー社長にとって事業承継の優先順位は、まず親族内承継です。親族内に適任者がいなければ親族外、それでもむずかしければＭ＆Ａによる承継を選択するのが実情でしょう。

そう考えると、自社の事業の核であるコアコンピタンス（競合他社に真似できない自社事業の核となる能力や強み）は後継者にも概ね伝わっているのが普通です（次ページ図表２－５参照）。

ところが、そう単純なものでもありません。現社長は「この事業を承継してもらいたい」と思っていても、後継社長は「別のこの事業を伸ばしていきたい」と思うケースもあるからです。すると、「コアコンピタンスは何か」について、すり合わせをしていく必要があります。

また、コアコンピタンスと似た概念にケイパビリティがあります。「企業が持つ組織的な能力」「企業にある固有の組織的な強み」といったことを意味します。「組織」に焦点を当てている点で、コアコンピタンスとは少し異なりますが、自社のコアコンピタンス、ケイパビリティを事業承継のときにあらためて後継者と確認しておくことは、今後の経営を進めるにあたっても大切なこと

図表2－5
コアコンピタンスとケイパビリティ

コアコンピタンス

他社に真似できない
核となる能力

↓

「社長自身として他社などに譲りたくない独自の技術・製品・販売手法など」は何か

ケイパビリティ

企業が持つ組織的な能力
企業にある固有の
組織的な強み

↓

組織に重点を置いた強みは何か

↓

「この技術・製品・組織があるからこそ、数十年事業を営み続けることができた」といえるものを再定義する

なのです。

現社長と後継社長が考えるコアコンピタンスとケイパビリティ

現社長が考えるコアコンピタンスは、自社内で売上のシェアが大きく、利益を出してきて、その仕事をやることでずっと食べてきたといえるような事業です。ＡＢＣ分析をすれば、当然ながらシェアの大きいＡに分類される事業でしょう。

それはまた、「他社に真似できない核となる能力」のことともいえます。ところが、多くの中小企業の現実を見ると、コアコンピタンスと呼べるほどのものはないのが正直なところではないでしょうか。一部の例外を除いて、多くの中小企業の現実は、他社でもできるであろうことを事業として行い、取引先に納入し、社員に給料を支払い、暮らしているからです。

そこで、コアコンピタンスと大上段に構えずに、「社長自身として他社などには譲りたくない技術・製品・販売手法など」は何か、と考えてみてください。それが何かが明確な場合、「社長自身が譲りたくないもの、これだけは譲れないと思っているもの」を継いでもらうことが事業承継ということもできます。

この点では、前述のケイパビリティ、すなわち「企業が持つ組織的な能力」「企業にある固有の組織的な強み」を抽出してみてもよいでしょう。事業承継を組織的な権利の譲渡・承継と考えるなら、「自社のケイパビリティを見つけよう」という考え方でもいっこうにかまいません。

「自社のコアコンピタンス？　そんな他社に真似できないほどのことは……ないよ」と思っている中小企業でも、社員数人・数十人だからこそできる強みは、きっとあるはず。そのように考え、あらためて自社の存在意義を定義してみます。

そのとき、コアコンピタンスやケイパビリティが本来持つ「競争優位の要因」という視点は学問的になってしまうので、あまり考えなくてかまいません。すなわち、競争優位に立たなければいけない必要はなく、「この技術・製品・組織があるからこそ、数十年事業を営み続けることができた」といえるものを再定義すればよいのです。

■コアコンピタンスやケイパビリティをどう見極めていくか

自社にとって何がコアコンピタンスでありケイパビリティであるか。その見極め方の第一は、自社においてコアコンピタンスやケイパビリティと呼ぶに足るものは何か、と探究していくことです。「他社が真似しづらい」ということは前述しましたが、「顧客の利益に大きく寄与する」「ほかのジャンル、製品に応用できる汎用性がある」ということも、その概念に含んでよいでしょう。

前項の経営分析で算出された数字をもとに考えてみてもかまいません。

「顧客の利益に大きく寄与する」能力・技術・組織力は、それがあって初めて自社の利益につながるものです。逆にいうと、他社に真似できない技術があっても、顧客の利益に寄与できなければ、宝の持ち腐れになりかねません。唯一無二の技術、組織力である必要はありませんが、それが顧客の大きな利益につながっていると自負できることが大事なのです。

また、「他社が真似しづらい」技術や組織力であっても、自社としてほかの事業などに応用が利く、横展開できる可能性があることも重要な要素です。特徴的な研磨技術が別の製品に応用できる、優れた不良品検出技術が別製品の不良品検出に有効、ある販売手法が自社だけでなく代理店展開できるなど、さまざまな応用があります。その応用が利かなければ、次の製品や事業につなげることができず、経営として続くことはないからです。

単純にほかの商品やマーケットに進出できるような推進力がある技術や組織か、と考えてみてもよいでしょう。そのような技術、組織力がないとなれば、変化の激しい時代に淘汰されてもしかたありません。事業承継について考えることは大事であっても、他社から見れば廃業のほうがふさわしい選択なのかもしれないのです。

コアコンピタンスは、次の視点から

少し学術的になりますが、コアコンピタンスは、次ページ図表2－6の視点から見極めるべきとされています。

図表２－６

コアコンピタンスを見極める視点

① 模倣可能性 Imitability	模倣の可能性が低い技術や製品に優位性がある
② 移動可能性 Transferability	ほかのジャンルや技術に転用・展開しやすい技術や製品に優位性がある
③ 代替可能性 Substitutability	ほかに代えられない独自性があることに優位性がある
④ 希少性 Scarcity	めずらしい技術や特性に優位性がある
⑤ 耐久性 Durability	一定の長い期間、強みを維持できれば耐久性が高いと判断でき、優位性がある

図表２－７

ＳＷＯＴ分析の基本概念

	プラス要因	マイナス要因
内部環境	強み Strength **S** 目標達成に大きく貢献するもの	弱み Weakness **W** 目標達成の妨げとなるもの
外部環境	機会 Opportunity **O** 成長を促すもの	脅威 Threat **T** 成長を妨げるもの

これらの観点から自社のコアコンピタンスを探してみましょう。すべてを満たした理想的なコアコンピタンスは自社にはないかもしれません。しかし、これらの視点から見て、「これが当社のコアコンピタンスかな？」と思えるものはきっとあるはず。ケイパビリティについても同様の視点から見て、「これが当社のケイパビリティかな？」と思えることがあるはずです。

「そう思えるものを探し、大事にして、事業承継を考える」ことが重要なのです。

なお、これら5つの視点から見極めていくのがむずかしい場合、一度、時間をかけて自社のSWOT分析をやってみることをお勧めします（前ページ図表2―7）。自社の内部環境と外部環境の両面からプラス要因とマイナス要因を整理し、さらに内部環境では強み・弱みとして抽出し、外部環境では「機会」と「脅威」の観点から抽出、それらの結果を4分割して絞り込んでいく手法です。

分析上の留意点など詳細は省きますが、このような分析を行ってみると、「自社の今の強みで今後の機会に活かせるもの」は何かなどが、あらためて浮き彫りになってきます。「その技術、製品、組織力、事業を承継するんだ」と、社長と後継者の気持ちも新たになるはずです。

2-6 健全経営のボーダーラインはどこにある？

事業承継にあたって、コアコンピタンスやケイパビリティをきちんと見極めることができる中小企業は、実はそれほど多くはないかもしれません。多くの中小企業では、見極めることができないまま、

「でも、これまでやってきた事業を誰かに継いでもらいたい」

と考えているのです。この場合は、現在の社長が事業を継いでほしいと考えていても、継ぐにふさわしいとはいえない企業もあります。では、その健全経営のボーダーラインはどこにあるのでしょうか。

■債務超過企業、承継価値より解散価値が高い企業は廃業を選択すべき？

まず、考えられるのは債務超過企業です。どんなに事業承継の意欲があったとしても、後継者

は債務超過、いわゆる利益で返していきにくい借金を丸ごと背負うことになります。そんな奇特な後継者は今どきいません。

また、前述した承継価値より解散価値のほうが高い企業です。より正確にいうと、PBR（純資産に対する株価）が1倍未満の企業です。その状況で取引銀行に率直に事業承継について相談すれば、

「会社をたたんだほうが老後は楽ですよ」

とアドバイスしてくれるでしょう。

それでも事業を継いでもらえるなら、どこかに業績回復の〝芽〟があるはずです。この芽を現社長も後継者もともに育てていこうと意気投合したときだけ事業承継が叶う。そのように考えて問題ないでしょう。

1人あたり経常利益で考えてみよう

健全経営のボーダーラインはどこに置いたらよいのか。わかりやすく、説明しやすく、かつ明快な指標として「1人あたりの経常利益」に指標を置く税理士が多いようです（次ページ図表2－8参照）。

その額は「30万円」という人もいれば、「50万円」という人もいます。この額を超えていれば「健

図表２－８
１人あたりの経常利益

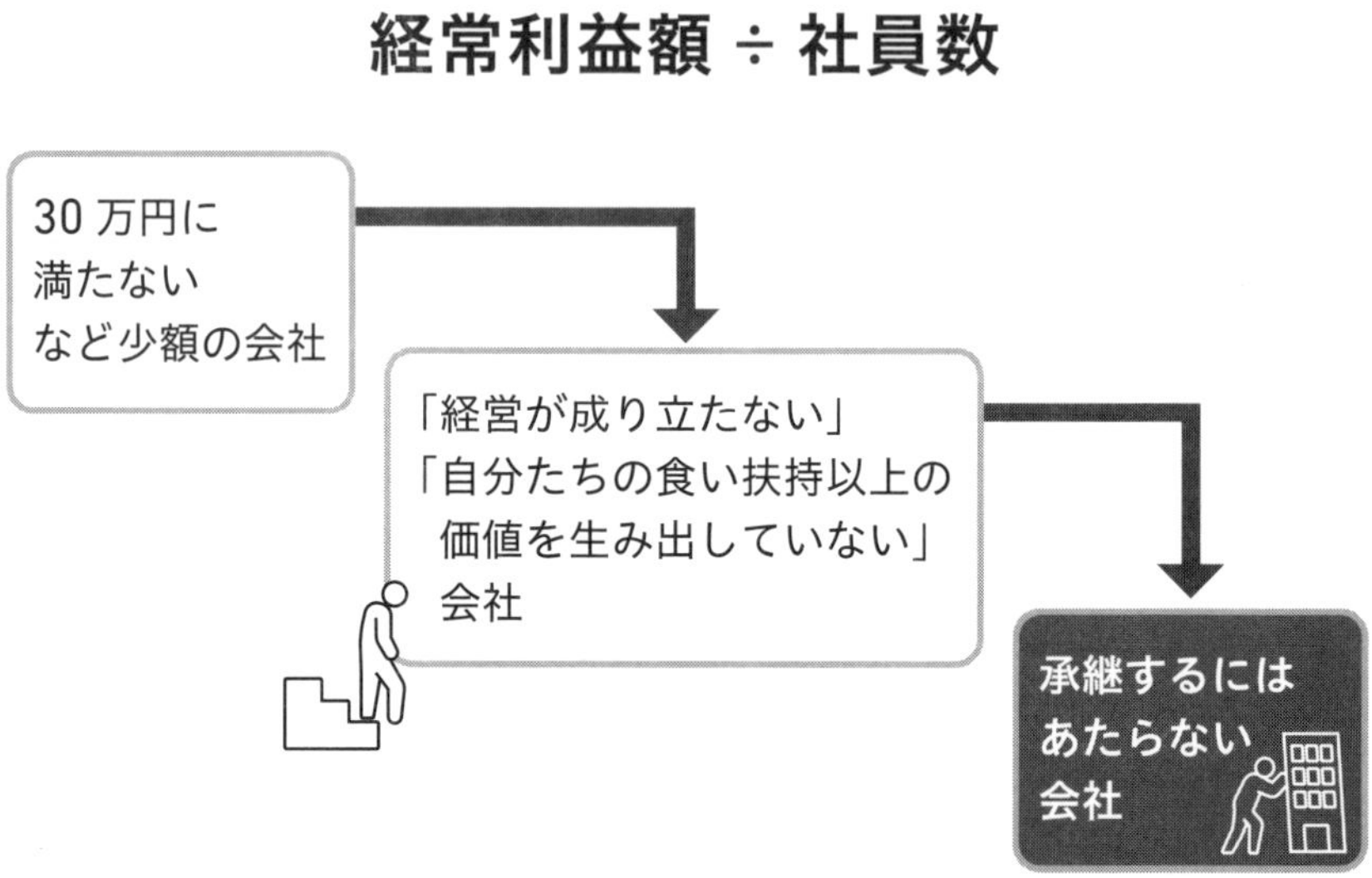

全経営」といえるわけではありませんが、この額を下回れば常識的に「経営が成り立たない」「自分たちの食いぶち以上の価値を生み出していない」会社とはいえそうです。酷ですが、それはすなわち承継するにはあたらない会社。これは業種に関係なく、どんな業種にもあてはまるといってよい指標です。

経常利益は損益計算書にその額が示されています。本業で稼いだ営業利益に加え、本業以外で稼いだ営業外収益から支払い利息などの営業外費用を引いた金額です。そして、それは1年を通じて計算された額。その額を社員数で割れば、1人あたりの経常利益が算出できます。

もちろん経営には波があり、小さい企業では、ほとんど経常利益が出ていない、マイナスである月もあるはずです。いわゆる赤字企業もたくさんあります。それはめずらしいことではありません。しかし、年度を通してみて1人あたり30万円、50万円という額を生んでいないなら、その企業は事業承継ではなく、その社長の代で廃業を考えたほうがよいかもしれません。それも、いたずらに後悔を残さない立派な選択の一つなのです。

「1人あたり経常利益30万円」がどんな数字か、ちょっと考えてみれば多くの経営者はぴんとくるはずです。何かしらのトラブルがあり、また、不景気に見舞われたりすれば、いとも簡単に赤字に転落します。それが2期、3期と続けば、事業承継のアドバイスをしてくれるはずの取引銀行も、

「廃業をお考えになったほうがよいのではないでしょうか」

と、貸し出したお金の返済を求めつつ、その社長の代で会社をたたむことを勧めるはずです。ところが、です。中小企業は赤字が多いのですから、この水準をクリアしていない企業も多いのが事実です。

では、どうすべきか。経営者はこの健全経営のボーダーラインを超えるようにするため、経営の改善を見据えていかないといけません。「1人あたり」という視点からは社長だけに任せきりにせず、それぞれの社員が「経常利益30万円、50万円の壁を乗り越えるには何をすべきか」を考え、実際に取り組んでいくことが求められます。

2-7

経営状態が思わしくないときはどうすれば……

事業を誰かに継いでもらうことを考えるとき、多くの経営者は自分自身の体力・知力・精神力・決断力がピークをすぎているはずです。リスクを負える覚悟も弱ってきている時期かもしれません。

そのとき、経営状態が思わしくなければ「廃業」の2文字が頭をかすめます。ところが、廃業するのも意外に労力やコストがかかります。登記と官報公告にかかる費用がそれぞれ数万円、そのほか社員数や設備規模・在庫量にもよりますが、中小企業の場合、解散・整理するために数十万~1000万円以上のお金がかかるといわれています。

廃業はしたくない、事業を誰かに継いでもらいたい、でも、経営状態が思わしくない、社長自身が高齢で、できることも限られる……そんなとき、取るべき対策は、損益計算書に表示される各項目の改善も重要ですが、それ以上に貸借対照表に表示される項目を少しでも改善しておくことです。

少なくとも、負債は減らしていこう

経営状態が思わしくないけれども、廃業するより誰かに継いでもらいたいと考えるとき、まず大事なのは後継者と決めた人、後継者と目される人とよく話し合うことです。後継者は後継者なりに自社の近い将来像を描き、何が不足しているか、重荷になっているかを感じているはずです。それらの不足・重荷への対応が、思わしくない経営状態の改善につながるのであれば、〝事業承継の支度策〟としてできることに取り組んでみてはいかがでしょう（次ページ図表２－９参照）。たとえば、業績はそれほど悪化していないのに借入れが過多であれば、繰上げ返済をすることで後継者の負担を減らすことができます。それは、貸借対照表上は他人資本（負債）の減少につながります。

一方、現社長が引退してまったく経営に口出ししないことを、ふさわしく思う後継者もいれば不安に思う後継者もいるはずです。不安に思うのであれば、立場上は会長に退きながら、対外的な折衝の場に顔を出したり、社内的な体制の整備を行ったりと後継者の経営の障害にならないように手助けしていく方法もあります。

よく後継社長に譲ったからにはいっさいの口出しはしないと公言する会長がいますが、全員がそれを望んでいるとは限りません。むしろ、後継者としては〝正しい助走〟をさせてくれるよう

図表２－９

経営状態がよくないが継いでもらいたい会社の対応

“事業承継の支度策”として取り組む

・貸借対照表の負債を極力減らしておく

・立場上は会長に退き、対外的な折衝の場に顔を出したり、社内的な体制の整備を行ったりと後継者の経営の障害にならないように手助けしていく

・社長が退くときに、古参社員も再雇用など処遇を変えてできる仕事をやってもらう

再チャレンジを試みる

・後継者に自信を持って譲ることができる事業を再構築してみる

・社内用に事業承継計画をつくっていくことも必要

な対応を望んでいるケースも多いのです。一方、対立したときは、社長から意見を引っ込める潔さも大事です。

また、社長が退いたあとは、残っているのは古参の社員ばかりというケースもあります。その場合は、社長が退くときに、退職とまではいわないまでも、再雇用など処遇を変えてできる仕事をやってもらうケースがあります。

本来は、経営が思わしくないなら、自社のコアコンピタンス、ケイパビリティを見極め、経営にテコ入れして蘇生していくことを考えるべきです。しかし、それができる時期がすぎているからこそ、事業承継の壁に突きあたっているともいえます。

時間をかけて自信を持って譲れる事業をつくる

実は事業承継は「今年中に」「来年度から」など、「エイヤッ！」と短期決戦で取り組まないといけないケースは少なく、むしろ3年、5年と時間をかけて、

「そろそろ次の代のことも考えないといけないなぁ」

と思いつつ進めるケースが多いもの。時間をかけて思いを巡らし、実作業はスピーディーに行うものです。

それだけの期間があれば、経営者としては何か一つ後継者に自信を持って譲ることができる事

業を再構築してみてはいかがでしょうか。それは貸借対照表よりむしろ、損益計算書にあらわれる取り組みです。

事業承継は、社長が交代するとき、すなわち事業承継の一瞬の大変さに目を奪われがちかもしれませんが、本来は長期的な視野を持ち、事業を〝次の発展〟に導く大きなチャンスであるべきです。事業承継後も経営が軌道に乗るには数年かかるのが一般的。そう捉えると、経営が思わしくない状態は、少し長い期間を使って、ピンチをチャンスに変えるときなのです。

事業を継いでもらう現在の社長は、つい資金面や相続税のことに目が行きがちでしょう。それはしかたのないこと。しかし、ぜひ後継社長とどうやって事業を立て直していくか、目標とかメドについて話し合いを続けていってください。

通常、親族内承継では現社長より後継社長のほうが若いはずです。どんなに意識を高く持っていても、継ぐことの不安は拭えるものではありません。その不安をモチベーションに変えるために、まず自社の強みのすり合わせから始めていきましょう。強みと感じていることが一緒なら、その強みをより発揮できるような施策を進めていくことが大事です。

時流、トレンドへの対応は後継者に任せる

往々にして、強みと感じていることが現社長と後継社長では異なるケースがあります。現社長

は組織力や技術が強みと思っていても、その中心が70代の職人の手によるものであったら、5年後に同じことをいえるとは限らず、後継社長の経営の大きな足かせになることもあり得ます。

そうだとしたら、その技術や組織力のエッセンスとなるものを、現社長みずからが若手に移していくことが重要です。時流、トレンドの分析については後継者のほうが圧倒的に正しいと信じ、伝え任せることで、後継者は時流・ニーズを取り込んだ新しいビジネスを育てていくことができます。

さらに、このような立て直し策については、社員に事業承継計画書のような書面で伝えていくことも大事です。事業承継に際して、「ウチの会社、社長が代わって大丈夫か?」などと動揺を覚えるのは、社員も同じ。だからこそ、社内用に事業承継計画書を作成し、同じように〝次代への覚悟〟を持ってもらうことも欠かせません。

事業承継について外部に伝えるのとは別に、社内については意思統一を図っておきましょう。

第3章

親族や社員に上手に事業を継いでもらうポイント

【事業承継の実践2】

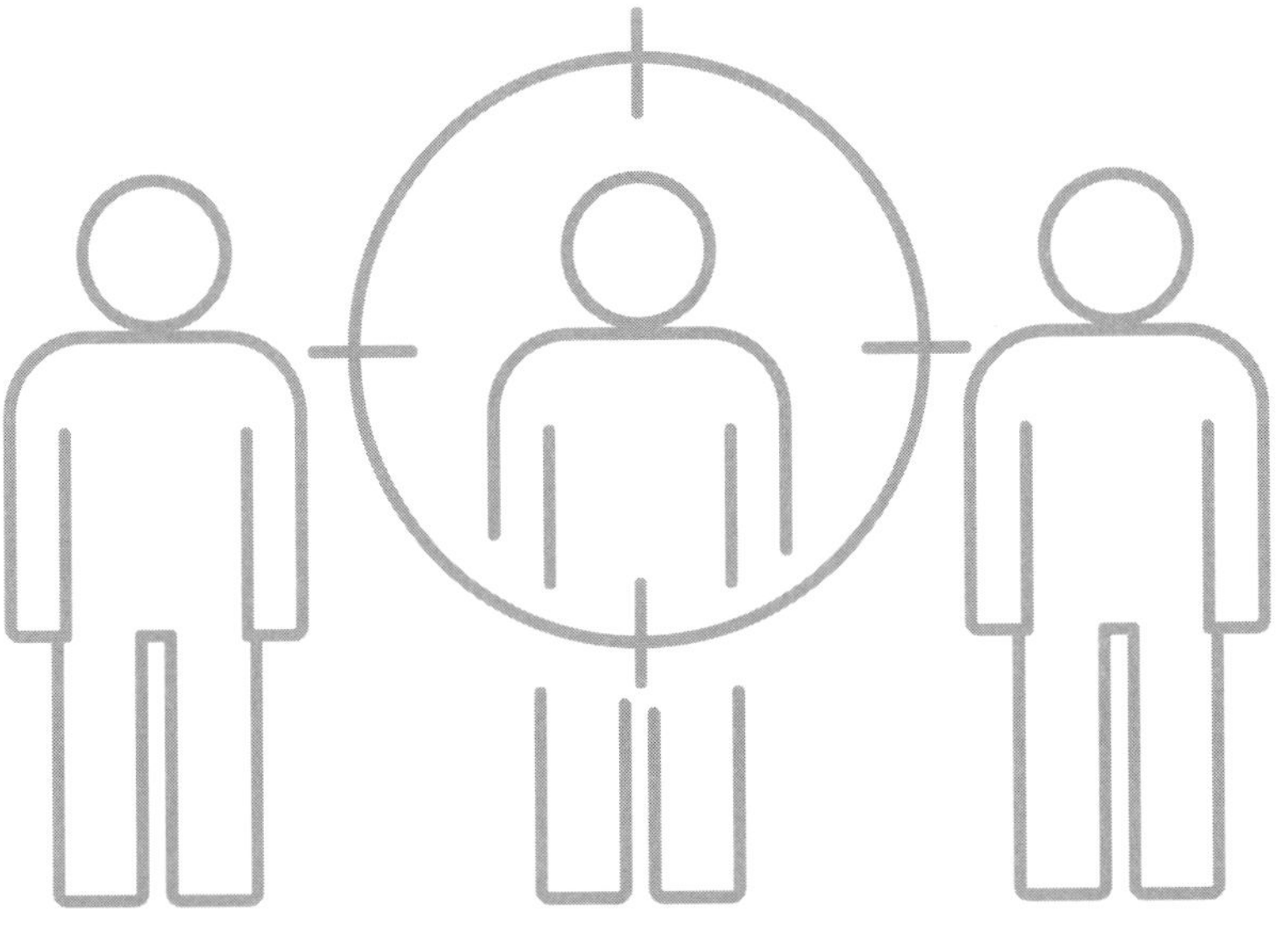

3-1

事業承継税制の特例措置を使って親族へ承継する際のポイント

実は親族外承継でも使うことができ、一方で手続きが煩雑で使わない人もいますが、親族内の事業承継では事業承継税制の特例措置を活用する方法があります。事業承継税制とは中小企業や個人事業の円滑な承継を目的とした税制で、２００９年に創設され、以後、何度かの改正を経て今日に至っています。

その内容を簡潔に示すと、自社株などを社長から後継者に贈与・相続する場合は、贈与・相続を受ける後継者に贈与税・相続税がかかるケースが多いのですが、それを一定の条件のもと猶予し、さらに一定の要件を満たせば免除する税制です。

後継者が事業承継において自社株の譲渡に際して十分な納税資金を持っているとは限らず、そのため事業承継がスムーズに進まないケースもかつては多々ありました。ですが、この事業承継税制により納税負担が減れば、事業承継が少しでも円滑に進むと期待されています。

特例措置の適用期限は2027年12月31日まで

事業承継税制は、2019年からの10年間については個人版すなわち個人事業についても適用されています。個人事業でも、事業を継ぐことは大きな課題となっており、その解決を図る目的があります。

現在は、次のような2本立ての税制となっています。

①中小企業を対象にした法人版事業承継税制
②個人事業主を対象とした個人版事業承継税制

適用要件には、対象会社の要件のほか、後継者の要件と先代経営者の要件がありますが、ここでは法人版事業承継税制の特例措置について見ていきます。ちなみに、法人版事業承継税制には一般措置もありますが、それには適用期限はありません。適用期限があることが特例措置といわれるゆえんと考えてもよいでしょう。そのうえで、一般措置と特例措置の違いを次ページ図表3－1にまとめておきます。

特例措置の適用期限は、「2027年12月31日まで」です。その期限までに行われた贈与や相続について適用されます（ちなみに、個人版事業承継税制の適用期限は10年間ですから、202

図表３－１

事業承継税制の一般措置と特例措置

	特例措置	一般措置
事前の計画策定	2026年3月31日まで	なし
適用期限	2027年12月31日まで	なし
対象株数	全株式	総株式数の 最大３分の２まで
納税猶予割合	100%	贈与：100% 相続：80%
承継パターン	複数の株主から 最大３人の後継者	複数の株主から １人の後継者
雇用確保要件	満たさない場合でも 対応できるよう弾力化	承継後５年間で 平均８割の雇用維持
経営環境変化に対応した免除	あり	なし
相続時精算課税の扱い	60歳以上の社長から 18歳以上の後継者への 贈与	60歳以上の社長から 18歳以上の後継者である 推定相続人・孫への贈与

8年12月31日までに行われた贈与や相続に適用されます)。

法人版事業承継税制の特例措置は一般措置における煩雑さ、不都合と思われる部分を解消した措置ということもできます。また、適用要件として、「特例承継計画」という事業計画を、期限までに都道府県庁(知事)に提出しなければいけません。この提出期限は当初は2023年3月末まででしたが、2024年度の税制改正によって2026年3月末になっています。

贈与税と相続税が100%猶予される

では、どんな特例措置があるのか。贈与税と相続税に分けて見ていきます。

(1)贈与税は条件つきで100%猶予

贈与税については、後継者が贈与により取得した株式などに係る贈与税の100%が猶予されます。この制度の適用を受けるには、円滑化法に基づく都道府県知事の認定を受け、報告期間中(原則として贈与税の申告期限から5年間)は代表者として経営を行うなどの要件を満たす必要があり、そのあとは、後継者が対象株式などを保有し続けることが求められます。つまり、贈与を受けた後継者は5年以上、頑張って事業を継続しないといけません。また、後継者が死亡したなど一定の場合には、猶予された贈与税が免除されます。

(2)相続税も条件つきで100％猶予

次に相続税ですが、同様に後継者が相続または遺贈により取得した株式などに係る相続税の100％が猶予されます。この制度の適用を受けるための手続きは贈与税の場合と同様です。ただし、5年間の経営継続に関する要件の起算日は、原則として相続税の申告期限から5年間となります。

■納税猶予を受けるには都道府県知事の認定や税務署への報告が必要

一般に悩ましいのは、納税猶予を受けるための「都道府県知事の認定」や「税務署への報告」の手続きではないでしょうか（次ページ図表3－2参照）。

それぞれの手続きの期限・期間が贈与税と相続税では異なりますが、総じていうと、主たる事務所の所在地を管轄する都道府県庁で、商工会、商工会議所、金融機関、税理士などの認定経営革新等支援機関が所見を記載した特例承継計画の確認申請を行い、加えて贈与（相続）の認定申請を行い、受理された特例承継計画とその認定書とともに、贈与税（相続税）の申告書を税務署に提出します。

図表3－2

事業承継税制における各種手続き

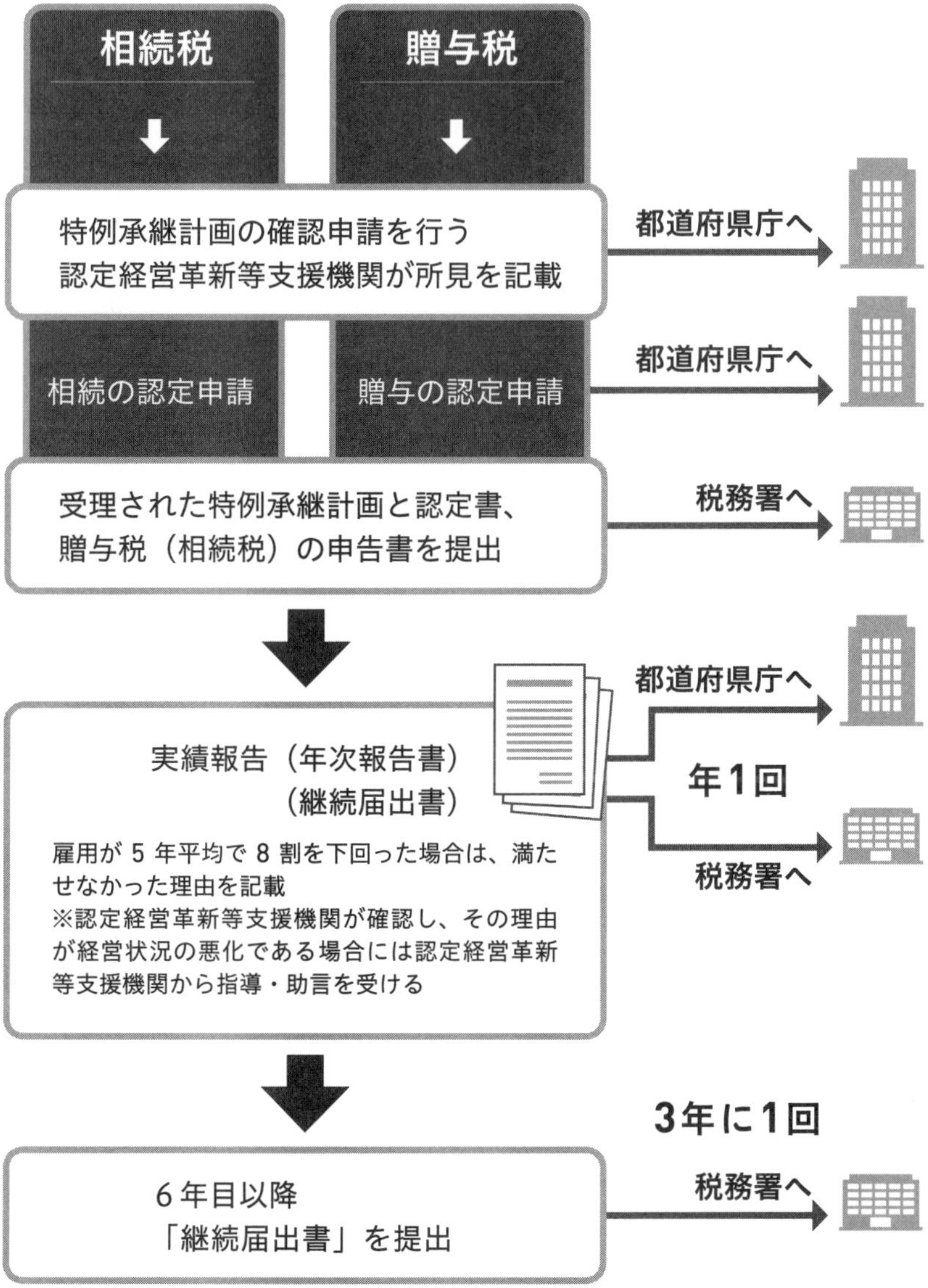

その後、5年間は実績報告として、年1回、都道府県庁へ「年次報告書」を、税務署へ「継続届出書」を提出します。その際、雇用が5年平均で8割を下回った場合には、満たせなかった理由を記載し、認定経営革新等支援機関が確認し、その理由が経営状況の悪化である場合には認定経営革新等支援機関から指導・助言を受けます。また、6年目以降は3年に1回、税務署へ「継続届出書」を提出します。

このような手続きがあるため、実際には、認定経営革新等支援機関である税理士事務所に相談し、事業承継に一緒に取り組んでいくことが多いです。

3-2

事業承継税制の特例措置を使って親族内承継を行うときの心構え

実際に事業承継税制の特例を使って親族内承継を行う場合、まず「そのメリットを本当に享受できるのか」、社長と後継者である親族は、ともに真剣に考えたいものです。

特に後継者は事業を継いだあと、簡単に辞めることできず、辞めてしまうと贈与税や相続税が猶予されるというメリットを享受できないばかりか利子税を加味して贈与税や相続税を納付しなければなりません。

「メリットを享受する」という強い意志が大事

事業承継税制の特例を使う際は、税負担がなくなるというメリットもありますが、結局、安定した事業承継につながるということも理解しておきたいものです（次ページ図表3－3参照）。

認定された計画に沿って早めの準備や後継者育成が可能なことは大きなメリットです。社長本

図表3－3

「メリットを享受する」という強い意志が大事

- 事業承継に伴うキャッシュ・アウトを抑えることができる
- 社員や取引先の理解も得られやすい
- 金融機関をはじめ取引先の債権が保全される
- 外部機関からアドバイスを受けることができる

人の子や兄弟姉妹が後継者となることが多いため、早い段階で、後継者と目される人が若いうちから育成や教育、事業承継の準備ができます。

また、社員や取引先の理解も比較的得られやすいこともメリットの一つです。よほどのことがない限り、親族内承継に異を唱える社員はいないはず。どうしても納得できない社員は事業承継を機に退職するものです。

また、金融機関をはじめ取引先は後継社長の〝人となり〟とともに債権保全が十分になされるか気になるものです。それらの心配や懸念に対しても、国の施策や税制に則した対応をとっているという〝お墨付き〟がモノをいいます。取引銀行も債権保全の心配がなければ、継続的取引を続けることができます。

なお、贈与税や相続税の猶予は、事業承継

に伴うキャッシュ・アウトを直接的に抑えます。そのため、後継社長の事業の継続性・安定性につながります。

さらに、外部機関を利用するときアドバイスを受けることができることも、ほかの役員・社員からの理解を得られやすいでしょう。

それらのメリットも、事業承継後、安定した経営が実現できればこそ、です。その安定のためには強い意志が必要なのです。

事業承継税制を活用しても、トラブルの芽を根絶やしにはできない

事業承継税制に関しては、一方のデメリットも考えておかなければなりません。後継社長に対して、「不適任だと思うが、ほかに後継者がいない」と言ってしまうと後継者として不愉快でしょうが、親族内であれば忌憚《きたん》ない意見交換ができるはず。「事業を譲るが、これだけは気をつけてほしい」など事業承継に対する思いを率直な意見として伝えるべきです。

また、親族内での承継の場合は、後継者とそれ以外の親族の間でトラブルが起こりがちなことにも留意しておいて損はありません。相続に伴う事業承継の場合、相続税は猶予されるといっても、遺産の分配に関わることでもあり、現社長は遺言書で不満の起こらないような分配を考えるほか、後継社長としても意を尽くして親族内に説明する必要があります。

なお、前述しましたが、後継者が大きな負担に感じるのは、現社長個人の担保や保証です。それは贈与税・相続税とは別の問題です。

さらに、それらに伴う契約書の存在自体も負担に感じるケースがあります。たとえば、取引で担保を要求され、それに応じていた場合、現在の社長がその取引を終えていれば担保の問題は生じないはずですが、きちんと担保権の抹消手続きをしていないと、「そこからやらないといけないのか」と負担を感じるのです。

なお根担保・根保証だと、その契約はきちんと解決しておかない限り、契約としては残ります。

これらの負担が後継者の意思決定に影響しないとも限りません。事業承継では現社長時代の資産とともに負債も引き継ぐことになるのですから、事業の安定を阻害する要因はできる限り現社長が排除すべきです。

それは事業承継税制の特例措置を利用しても、変わらず重要なことです。

3-3

事業承継税制の特例を使って親族内承継を行う手順

事業承継税制の特例措置の活用手順は次ページ図表3－4のようになります。ただし、これは教科書的な手順を示したものであり、その間に現経営者と後継者が考えなければならないことがたくさんあります。

認定経営革新等支援機関との緊密な連絡・相談が重要

全体を通して手順を進めるうえで大事なのは、認定経営革新等支援機関との緊密な連絡・相談が欠かせないことです。

まず、承継に際して望むこと、危惧される点などについて忌憚《きたん》なく話し合ったうえで、実際の承継手続きに入っていきます。大事なことは遺言書の作成や税金対策など、自分でわかりかねることは税理士などのアドバイスをしっかりと受けること。このことが前提です。

図表３－４

事業承継税制の特例措置　活用手順

手順① 特例承継計画書を提出・確認を受ける

↓

手順② 代表者を交代する

↓

手順③ 後継者へ自社株式を引き継ぐ

↓

手順④ 都道府県庁に認定申請書を提出・認定を受ける

↓

手順⑤ 税務署に贈与税・相続税の申告をする

↓

手順⑥ 贈与税・相続税の納税が猶予される

↓

手順⑦ 先代経営者の死亡で贈与税が免除される

↓

手順⑧ 後継者の死亡で相続税が免除される

そして、親族内で誰が適任者かを決め、その人に後継してもらうことを直接伝えること。子であれば一般的には長男や長女になりますが、これからの時代、それにとらわれていてはいけません。次男、次女、長女の配偶者、いとこなども選択肢として入ってきます。少し目線を上げて広く見れば、彼ら・彼女らの中に、ずっと会社を経営してきた人もいるはずです。それらの人と後継のしかたを話し合い、継いでもらってもよいのです。

大事なことは、それらの人に本当に〝継ぐ気〟があるのかどうか。まれに一流企業や国家公務員などの優秀とされる勤め人で、聡明であり、後継者にふさわしいと思える親族もいるでしょう。しかし、誤解を恐れずにいえば、中小企業の経営者としての優秀さと、それらの勤め人の優秀さとは異なるものだということも理解しておきたいものです。

一概にはいえませんが、背負っているリスクに対する覚悟が違うように思います。現社長としては、自分なりの「優秀さ」の判断尺度を持って判断すべきです。

そして、後継者の内諾を得たら、株式をはじめとした会社資産の承継準備を始めます。その際、税理士とも相談し、事業承継計画書を作成するとともに事業承継税制の特例措置の利用も含めて本格的に検討・対応していきます。全株式か、過半数株式か、まず少数株式からか、どんな株式割合で継いでいってもらうのかを明確にして承継を進めます。

何より、継いでもらう側の意向もあれば、後継者側の資金手当ての問題もあります。事業承継税制を活用すると税金を猶予されますが、株式の譲渡を受ける資金は必要です。その負担を抑えるため、さまざまな手法を用いて、自社株の評価を引き下げる対策も必要になってきます。

いずれにせよ、株式などの会社資産の承継が進めば、その割合に応じて、経営の意思決定や管理責任が明確になります。実質的に資本と経営は分離されていないわけですから、株主・株主総会の義務や責任のほか取締役・取締役会への出席・発言の意味などを後継者は再確認し、違法行為のない運営を心がけるべく、気持ちを新たにすべきです。

そして社内外に公表していいと思った時期に公表します。M&Aによる事業承継の場合、公表するのは最終的に調印したあとに行うケースも多いのですが、親族内承継の場合、社員は概ね後継者が誰になるのか察しているケースが多く、早めに公表してもかまいません。

なお、対外的な公表は、文書で伝達し、そのあとに挨拶まわりをするケースが多いようです。

後継者、税理士と一緒に、自社株評価の引き下げ策も講じておく

手続きとして大変なのは、実はここからです。経営を譲る現社長は、正式に、株式やそのほか事業用の資産の承継手続きを行っていきます。現社長が元気であれば生前贈与をしていくことが考えられますが、実質的に経営の指揮を執れない状況であれば、遺言書に事業承継の旨を記す必要もあり、亡くなったとなれば相続として事業承継を行うことになります。併せて贈与税・相続税の申告をしていく作業もあります。

図表3－5

一般的な自社株評価の引き下げ策

①現経営者の引退時に退職金を支払う	創業時から事業を継続してきた経営者が退職金を受け取ると、会社の利益が減少し、結果として株価を引き下げる。事業承継に伴う組織再編によって、古参役員へ退職金を支払うことでも同様に利益が減少
②不動産を購入する	土地の評価額は時価の 70％程度、建物に関しては 60％程度と、現金よりも低く評価される。会社が現金を持ったまま株式を相続するより、節税効果がある
③減価償却費を計上する	設備や機械なども購入から時間が経つにつれて劣化する資産を費用計上すると減価償却費となり、その分の利益が減少し株価の評価額を引き下げる。設備や機械を入れ替え、除却損で計上するケースもある
④生命保険を活用する	生命保険を法人で契約している場合、保険料を損金として計上すると、結果として利益の圧縮にもつながり、自社株の評価額を引き下げる。生命保険は、退職金の資金とすることもできる
⑤株式配当金を低く設定する	自社株の配当金を引き下げれば、当然ながら株式評価が引き下がる

前述したように、生前贈与で株式を後継者に譲る場合、事業承継税制の利用いかんにかかわらず、自社株評価を引き下げる対策を税理士と相談しながら進めていくことになります。その手法の詳細は省きますが、一般的な評価の引き下げ策を挙げると、前ページ図表3－5のようになります。

最後に、変更できなかった現社長の個人保証や提供担保などの名義を後継者に変更します。金融機関との交渉がありますので、事前に現社長が下交渉しておいたほうがよいでしょう。

■親族内承継で注意しておきたいこと

特に事業承継税制の特例措置を利用する場合は3年前、5年前からの早めの対応が欠かせません。ところが、現実には悩んでいるだけで月日が経ってしまうケースも多いもの。後継者を決めたら計画的に進めていきましょう。事業承継に際して遺言書を作成する必要があれば、公的な証明性の高い公正証書遺言として残しておくべきです。その遺言書も、事業内容や事業の状況変化に応じて何回か書き直す、更新する必要もあり得ます。

また、事業承継税制をはじめ、税制の改正動向に注視しておくこと。税制自体の期限が延長されたり制度内容が変わったりすることもあり得ます。とともに、事業承継や後継者育成をスムーズに進めるための補助金の最新動向なども押さえておきましょう。

3-4

組織再編による事業承継ではどんなことを行うのか

組織再編とは、会社の組織や形態の変更を行い、編成し直すことです。具体的には複数の企業の統合や特定の事業について一部または全部を他社へ承継すること、株式の取得による親子会社化などが挙げられます。

その手法は、一般的に「合併」「株式交換」「株式移転」「会社分割」の4手法を指します（次ページ図表3－6参照）。

これらは会社法において規定されているもので、各手法によってメリットや特徴は異なります。また、組織再編において、後述する「適格要件」を満たした場合、節税効果も見込めるなど税務上のメリットもあります。

組織再編の効果は、企業の内部整理から企業規模の拡大、管理コストの削減など、業績向上をめざすうえでも有効なものです。これらの制度を事業承継として行う場合、M＆Aによる事業承継の範疇《はんちゅう》に入ることが多い点にも留意しておきましょう。

図表3－6

組織再編による事業承継

	どんな手法か	事業承継では、どんな目的に適しているか
(1) 合併	複数の会社が一つの会社になること。合併会社が存続し被合併会社が消滅する「吸収合併」と、被合併会社が消滅すると同時に新たな合併会社が設立される「新設合併」がある	① 人事や労務といった間接部門を集約して経営効率を向上させ、短期間で企業規模の拡大や業績の回復を図りたい ② 従来の提携関係をさらに強化して販売力・技術力を高め、企業の競争力の強化をめざしたい ③ 従業員・契約・簿外債務などを包括的に承継したい
(2) 株式交換	会社の発行済株式のすべてを、親会社となる既存の会社に取得してもらい、完全な親子会社の関係をつくる	① グループ内企業を完全子会社化したい ② 複雑化した株主関係をきちんと整理したい ③ 持株比率を高め親会社の経営に参画したい
(3) 株式移転	一つまたは複数の株式会社が、その発行済の株式のすべてを新たに設立する株式会社に取得させる。株式交換との違いは、親会社となる会社が新設の企業であること	① 持株会社を設立することでグループ企業を包括的に管理したい ② 事業の権利や義務を変動させずに経営統合がしたい ③ 事業の多角化や自社のブランドを共有しながら、企業規模を広げたい
(4) 会社分割	運営している既存事業の一部を自社から切り離し、包括的に別の企業に承継する。新規に設立した会社へ承継する「新設分割」と、既存の会社へ事業を承継する「吸収分割」がある	① 企業内の不採算事業を独立させ、負債のスリム化を図りたい ② 持株会社における事業統合など、グループ内の重複事業の統合を行いたい ③ 新規事業を立ち上げたい

目的に応じて手法を選ぶ

本来、組織再編を行う目的は事業承継に限りません。複数の手法があり、それぞれの手法について、どんな目的に適しているのかを簡潔に見ていきましょう。

(1) 合併

合併とは複数の会社が一つの会社になることです。合併会社が存続し、被合併会社が消滅する「吸収合併」と、被合併会社が消滅すると同時に合併会社が新たな会社を設立する「新設合併」に分けられます。

親族内承継として合併を行う場合、後継者が別のグループ会社を経営していて、その会社と合併するケースがあり、そこで吸収合併となるか新設合併となるかに分かれます。

どちらの手法も、合併によって消滅する被合併会社の権利義務は原則すべて存続する合併会社に引き継がれます。これを「包括的に承継される」といった表現をします。

また合併会社、被合併会社それぞれが別会社として存続する会社分割などの手法と異なり、会社が一つに統合するため親密な関係性を構築できるという特徴があります。

(2)株式交換

会社の発行済みの株式のすべてを、親会社となる既存の会社に取得してもらうことにより、完全な親子会社の関係をつくる手法です。

親子関係によって株式交換後に対象会社を完全に支配し、取締役の選任、配当金の決定、定款変更をはじめとして傘下の会社における経営の意思決定を完全にコントロールすることができるようになります。

オーナー企業での事例は多くはありませんが、事業承継に際して、後継者である経営者が営んでいた会社と株式交換する方法があります。

(3)株式移転

1つまたは複数の株式会社が、その発行済みの株式のすべてを新たに設立する株式会社に取得させる手法です。株式交換との違いは親会社となる会社が新設の企業であることです。

株式移転後、新設された持ち株会社と被合併会社は完全支配関係になります。そのため、株式交換と同様に、対象会社の意思決定を完全にコントロールすることができます。組織再編は主に持ち株会社（ホールディングカンパニー）を設立するために行われます。

この株式移転も、オーナー企業ではそれほど例が多くはありませんが、中小企業でも後継者が持ち株会社経営を望むケースで行われることがあります。

(4) 会社分割

運営している既存事業の一部を自社から切り離し、包括的に別の企業に承継する手法です。合併の分類と同様に、新規に設立した会社へ承継する「新設分割」と、既存の会社へ事業を承継する「吸収分割」の2つに分類できます。

どちらも合併と同様に債務や責務、契約などの権利義務を包括的に承継することができます。ところが、会社分割では分割後も分割を行った会社は消滅せず、別事業の運営主体として引き続き存続します。

事業を選定して切り離すことができるため、不採算部門を切除し成長事業に資本を集中することで企業の再生スキームとして活用することも可能です。また、中小企業の事業承継でも、新規事業をつくってその部門を後継者が会社として経営していくほか、創業家の資産管理部門だけを別会社として分離して設立するケースなどに使われます。

事業承継での組織再編のメリットはどんなところに?

事業承継における組織再編で得られるメリットは数多く存在します。事業を整理したい場合はもちろん、競争力の強化、会社規模の拡大によるスケールメリットの獲得、新規事業への参入、事業の多様化、社員や技術の承継など多岐にわたります。

次ページ図表3－7に、4種類の組織再編手法について、事業承継上の主なメリットをまとめました。

どの手法も、基本的に対価として株式を交付すれば十分な資金がなくても実施できるというメリットがあります。また、それぞれの手法で得られるメリットが異なるため、費用・時間・対象企業との関係性・目的など、さまざまな角度から適切な手法を選択することで、効果的な組織再編ができます。

節税効果に影響する適格組織再編

組織再編は適格要件として定められた条件に基づく「適格組織再編」と、「非適格組織再編」に分類されます。後述しますが、組織再編の実施にあたって、適格要件を満たすと適格組織再編とされ、節税効果が見込めます。これをメリットの一つと考えることもできます。

適格要件は、組織再編に関わる会社の支配関係によっても異なります。要件を満たすためには、支配関係などによって異なる一定の条件を揃える必要があります。たとえば「完全子会社の主要事業が、株式交換後も継続されるものであること」などいくつかの条件が存在し、それぞれを満たすことで適格組織再編となります。

図表3－7

事業承継での組織再編の主なメリット

手法	メリット
(1) 合　併	・会社間でのノウハウや技術が共有できる ・管理部門の統合で管理コストが削減できる
(2) 株式交換	・各株主から同意を得なくても全株式を取得することが可能 ・親会社の経営に参画が可能
(3) 株式移転	・個々の会社の独立性が保たれPMI負担を軽減 ・課税の繰り延べが可能
(4) 会社分割	・企業の再生スキームとしての活用が可能 ・責務や契約などの権利義務を包括的に承継 ・転籍する社員の個別の同意が不要

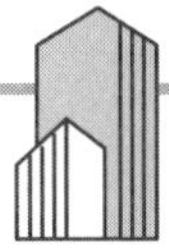

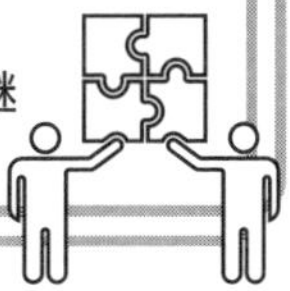

なお、個々の適格要件は次項で述べますが、相手企業との関係性や手法の選択によってその内容が複雑になることは覚えておいてください。

組織再編は、事業の整理などにおいて非常に有効な手法です。自社に必要な再編の手法を選択し戦略的な組織再編を行うことで、企業内部の整理と統合を行い、より効率的な経営ができるようになります。

どの組織再編の手法を検討すればよいのか迷っている場合などは、組織再編に詳しい税理士やM&Aアドバイザーなどの専門家に相談することをお勧めします。

なお、それぞれの組織再編の手続き・手順などは第4章で解説します。

3-5 節税の知恵!? 税制適格の要件を押さえておく

会社法の組織再編を活用した事業承継では、税務面については税制適格であるかどうかが問われます。ほとんどの組織再編は税制適格ではないもの（税制非適格）として行われています。なぜなら、本来、組織再編による事業承継は節税面を意識して行うことより、目的に合わせてどの組織再編を選ぶかが重要だからです。

一方、税制適格のもとに行われ、税制面での優遇措置の適応を受けているケースもあります。税制適格とはどんなもので、どんな違いがあるか、組織再編での節税を考える際の税制適格についても見ておきましょう。

■組織再編における税制適格とは？

税制適格とは、少々むずかしい言い回しですが、端的にいうと「税制上の要件を満たしている」

という意味です。組織再編のほかにもさまざまな「税制適格」がありますが、税制の要件を満たしていると課税が繰り延べられるなどのメリットがあります。

ここでは組織再編税制を対象にした税制適格の要件を紹介します。すなわち、組織再編税制の要件を満たしているということです。

なお、原則として法人税は、移動前の資産の取得価額は帳簿価額（簿価）を計上する一方で、移動後の資産は時価で評価されます。そのため、資産価値が上がると、その差額に対し課税されます。組織再編を行う際に移動する資産が課税対象となると、組織再編は資産価値が上がった場合の課税などコストがかかります。それが組織再編後の企業活動の足かせとなる場合があるのです。そのため、組織再編税制においても税制適格要件を設け、その要件を満たすような組織再編を行えば、課税が繰り延べられることになります。

この組織再編税制の要件は、組織再編する際の企業の関係性によって異なります。税制適格の要件は大きく分けて、再編後の企業が支配・被支配という支配関係にあるか、共同事業を行うかという2つのケースに大別されます（次ページ図表3－8参照）。

図表3－8上段について、①と②は100％支配関係にあるか50％超の支配関係にあるかにかかわらず共通の要件で、③と④は50％超という条件に照らして資産や負債、社員などを引き継ぎ、⑤は再編後の事業をしっかりと営むことを示しています。事業承継でもグループ内の組織再編を行えば、親族より親族外、第三者の株主が組織再編後の自社や関連会社の株主（大株主）になる

図表3－8

組織再編税制適格の要件

再編後の企業が支配・被支配という支配関係にあるか

↓

(1) 100%支配関係にあるグループ内の組織再編

以下の要件すべて満たすこと

①金銭などの授受がないこと
②組織再編後も 100%支配関係が続くこと

(2) 50%超の支配関係にあるグループ内の組織再編

以下の要件すべて満たすこと

①金銭などの授受がないこと
②組織再編後も 50%を超える支配関係が続くこと
③主要な資産や負債を引き継ぐこと
④概ね 80%の社員を引き継ぐこと
⑤移転事業を継続すること

再編後の企業が共同事業を行うか

↓

以下の要件すべて満たすこと

①金銭などの授受がないこと
②主要な資産や負債を引き継ぐこと
③概ね 80%の従業員を引き継ぐこと
④移転事業を継続すること
⑤移転事業に関連性があること
⑥事業規模と売上が概ね 5 倍以内であること、または双方役員が組織再編後も継続して就任すること
⑦発行株式総数の 80%以上を継続保有することが見込まれること

ケースが多いので、税制適格要件を満たすことが明確でない場合には非適格となるケースも多くなります。

また、図表3―8の下段、支配関係がない場合でも組織再編を実施して共同事業を行うときは、組織再編税制の適用が可能です。図表3―8に挙げた⑤から⑦の事項が新たに加わる要件と考えてよいでしょう。既存事業とまったく関連性のない共同事業を営んだり、規模が大きくなりすぎたり、役員ががらりと入れ替わったり、新たな株主の支配下になったりしないことが要件ということです。

なお、共同事業を行う場合には、そもそも組織再編する合理的な理由があるのかもチェックされることを覚えておいてください。

3-6

組織再編の税務で押さえておきたい勘どころ

企業が組織再編する場合、税法において、組織再編によって生まれた利益には原則的に課税されます。つまり、「税制非適格が原則」ということです。一方で、税制適格要件を満たす組織再編については、経済的な実態に即した課税を行うべく、例外的な取扱いを定めることによって譲渡損益などの繰延べや繰越欠損金の引継ぎなどを認めているのです。

では、税制適格に該当する組織再編での、株主と、資産を渡す側・受け取る側のメリットを具体的に見ていきましょう（次ページ図表3－9参照）。

■株主と、資産を渡す側・受け取る側のメリット

(1) 株主のメリット

株主が出資した金額よりも株式の譲渡価額が高い場合、原則的には譲渡価額から出資額を引い

図表３－９

税制適格要件を満たした組織再編を行うメリット

(1) 株　　主

株主が出資した金額よりも株式の譲渡価額が高い場合は、譲渡所得やみなし配当が発生するが、繰り延べられる

(2) 資産を渡す会社

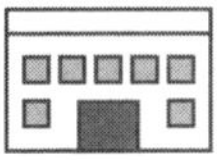

資産を合併吸収法人や分割承継法人に渡す側の場合、原則は時価で資産を譲り渡したあとに会社を清算したものとして扱う
簿価と時価の差として譲渡益がある場合でも、課税されない

(3) 資産を受け取る会社

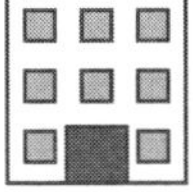

原則として時価で資産を購入し、対価を支払ったとして扱うが、簿価で資産を引き継いだとみなされ課税されず、対価が株式であるため現金を用意する必要がない

たものに対して譲渡所得やみなし配当が発生し課税対象となります。ところが、税制適格要件を満たした組織再編の場合は、この課税が発生せず、繰り延べられることとなります。

(2)資産を渡す会社のメリット

合併消滅法人や分割法人のように資産を合併吸収法人や分割承継法人に渡す側の場合、原則は時価で資産を譲り渡したあとに会社を清算したものとして取り扱います。このとき、簿価と時価の差として譲渡益があるケースもありますが、税制適格要件を満たす場合は課税されません。

(3)資産を受け取る会社のメリット

合併法人や分割承継法人などの資産を受け取る側の会社では、原則として時価で資産を購入し、対価を支払ったとして取り扱われます。ところが、税制適格要件を満たす場合には、簿価で資産を引き継いだとみなされます。また、対価が株式であるため現金を用意する必要がありません。

さらに税制適格の合併で、繰越欠損金の引き継ぎ要件を満たす場合には、被合併法人の繰越欠損金が承継され、課税対象額を減らすことができる可能性があります。

税法上、組織再編は時価による資産の譲渡があったとされ、課税が発生するのが原則です。その例外として、税制適格要件を満たす場合に課税が繰り延べられます。

ただし、要件を満たしたつもりが要件を満たさず、税制適格を外された例もあります。税制適格要件を満たすかどうかは、税理士をはじめ専門家に相談することをお勧めします。専門家に相談し、対応を依頼することで、税制適格の要件を満たすことができるかどうか、個別の案件ではっきりする可能性も高まります。

押さえておきたい株式交付制度の改正

2023年度の税制改正では、株式交付制度において課税繰延べに関する特例措置の見直しが行われました。

株式交付とは、「株式会社がほかの株式会社をその子会社とするために、他の株式会社の株式を譲り受け、その株式の譲渡人に対して株式の対価として株式会社の株式を交付すること」と定義されています。M&Aなどにおいて他社を子会社化するために支払う対価として、自社の株式の交付を認めるという制度です。

株式交換と似ていますが、株式交換は譲渡会社のすべての株主を対象にしますが、株式交付は譲渡対象の特定の株主のみを対象にできます。

従来は、株式交付により株式（株式交付子会社株式）を譲渡し、株式交付親会社の株式の交付を受けた場合、その譲渡した株式の譲渡損益に対する課税を繰り延べることが可能でした。しか株式交付後に株式交付親会社が同族会社に該当する場合には、株式交付による課税の繰延べ対象から除外されます。

この改正は2023年10月1日以後に行われる株式交付について適用されています。

3-7

親族ではない社員に継いでもらうときの注意点

近年は少子化の影響もあって後継者不在に悩む中小企業が増え、自社の存続のためには親族外の第三者に事業を継いでもらうケースも増えています。そのうち、前述のように自社役員に継いでもらうことをMBO、自社社員に継いでもらうことをEBOと呼んでいます。なお、経営陣と社員がタッグを組んで買収を行う場合をMEBOと呼ぶこともあります。MEBOでは経営陣が変わらないことが一般的ですが、社員も参加することでモチベーションの向上が期待できます。

中小企業では、MBOとEBOの違いは継ぐのが役員か社員かの違いくらいともいえるので、ここでは、両者の注意点をまとめます。

事業承継のほかにも株式の公開を防ぐ目的も

MBO・EBOという手法を用いる主な目的は、事業承継と株式の非公開化です（143ページ図表3－10参照)。ＭＢＯやＥＢＯによって社員が株式を取得し経営権を握れば、事業を継ぐことができます。他社へ引き継ぐ場合とは異なり、社風や社内事情に詳しい人材が後継者となるため、社内環境を大幅に変えることなく自社を存続することができます。さらに従来の経営方針・施策を改善し、よりよい経営スタイルへと成長させることも可能です。

株式の非公開化とは、非公開化することにより、ＴＯＢ（株式公開買付け）による他社からの敵対的買収を防ぐ効果があります。また、非公開化により外部からの声が減るため、会社運営の意思決定を素早く行うことができます。

また、中小企業においてはＭＢＯを用いると現在の経営陣が大きく変わるわけではないため、経営スタイルをより確立できるメリットがあります。一方、ＥＢＯは経営陣が刷新されるため、経営スタイルを守りつつも新しい体制での経営が可能になります。

事業承継に活用するメリット

ＭＢＯやＥＢＯは事業承継に活用でき、実際に多くの中小企業で使われていますが、主に次のメリットがあります。

(1) 事業承継がスムーズにできる

図表3－10

ＭＢＯやＥＢＯのメリットとデメリット

メリット

- 事業承継がスムーズにできる
- 後継者の選択肢が広がる
- 株式を非公開にできる

デメリット

- 資金調達が必要
- 会社の成長を見込みづらい

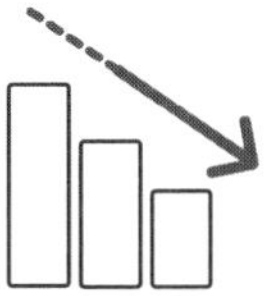

中小企業の場合、後継者がいないために廃業を余儀なくされるケースも少なくありませんが、ＭＢＯやＥＢＯを利用すれば社員を後継者として事業を引き継ぐことができます。

Ｍ＆Ａによって第三者に事業承継する場合は調査や交渉が必要ですが、ＭＢＯやＥＢＯでは適性や性格などをよく知った社員を後継者にでき、安心して事業を引き継げます。

(2)後継者の選択肢が広がる

経営者の子など親族のみを後継者の対象とすれば範囲が狭くなるため、経営者に適していない人物を選ぶ可能性があります。また、近年は経営者に子がいないケースも多く、子がいても引き継ぐ意思がない場合もあります。

ＭＢＯやＥＢＯでは後継者候補の対象が

自社の社員であるため、親族のみを対象として選ぶ場合よりも選択の幅が広くなり、より経営に適した人材に自社を任せることができます。

(3)社風を維持できる

M&Aによって第三者へ自社を引き継ぐ場合、社風が大幅に変化する可能性もあります。そうなれば、新しい環境に馴染めない社員が離職する可能性もあり、優秀な人材が流出することも考えられます。

MBOやEBOでは、社内事情をよく知る社員が次の社長になるため、社風が大きく変わるなどの変化が出る可能性は低く、従来の社内環境を維持しながら経営を続けることができます。

(4)株式を非公開にできる

前述したように、MBOやEBOを行ったあとは株式を非公開にするケースが一般的です。株式を非公開化することで、他社からの買収を防ぐことができます。上場企業の場合は株主からの声による制約も多いため、意思決定がしづらい部分もありますが、株式を非公開化することで会社の運営や意思決定が速くなるメリットもあります。

事業承継に活用するデメリット

ＭＢＯやＥＢＯを事業承継に活用するデメリットは、主に次の2点に集約されます。

(1) 資金調達が必要

ＭＢＯやＥＢＯを行う場合、買い手となる社員は株式を購入するための資金調達が必要です。個人で資金調達がむずかしい場合は金融機関などから融資を受けることになりますが、審査結果によっては十分な額の融資を受けられないケースもあります。資金調達ができなければＭＢＯやＥＢＯはできないため、資金の調達方法についてもよく検討しておくことが大切です。

(2) 会社の成長を見込みづらい

ＭＢＯやＥＢＯによる事業承継は、社内事情をよく知る社員が後継者となることで、従来の社内環境を維持しつつ経営が続けられる点がメリットの一つです。しかし裏を返せば、会社の体質が変化しづらいため成長が見込めない可能性もあります。また、社員と経営者とは求められる能力が違うため、社員として優秀であっても経営者に適しているとは限りません。

後継者の選択を誤れば、経営が悪化する可能性も考えられます。

3-8 MBOやEBOを行う手順と注意点を押さえておく

MBOやEBOでは一般に株式の譲渡を伴うため、必要な手続きを踏んで進めていく必要があります。スムーズに引き継ぐには、次ページ図表3－11のような大まかな手順をあらかじめ把握しておくことが大事です。

4つのステップで進める

(1)株式を譲渡する社員を探す

MBOやEBOを行うには、まず株式を譲渡する後継者を決める必要があります。会社経営を任せるに足る人物であるかをよく検討しなければなりません。

ほかの社員からの信頼が厚い人物であれば反対の声が抑えられるため、MBOやEBOによる事業承継をよりスムーズに進めることができます。また、本来、求めにくい面があるのも事実で

図表３－11

ＭＢＯやＥＢＯの手順

(1) 株式を譲渡する社員を探す	・ほかの社員から納得される人物か ・経営者としての手腕は十分か ・会社の社風をよく理解しているか ・会社の成長が見込めるか

↓

(2) 株主構成を正確に把握する	・各株主がどのくらいの株式を保有しているかを把握する ・株主の氏名・住所・保有株数をリストアップして正確に

↓

(3) 株式評価を行い交渉を進める	・交渉が難航する最も大きな原因は、株式の売却価格 ・非上場株の評価に詳しい税理士など専門家に依頼する

↓

(4) 株式の譲渡手続きをする	・株式の譲渡制限を設けている場合は、株主総会などによる承認が得られるまで株式譲渡が成立しない

しょうが、十分な経営手腕があるかも重要です。リーダーシップを発揮し、将来的に会社を成長させられるような人物かを見極めます。

なお、適任者が定年間近である場合は、引き継いでもまたすぐに後継者を探す必要性が生じるため、できれば避けたほうが無難です。

(2)株主構成を正確に把握する

株主は複数いることが一般的であるため、MBOやEBOで事業承継を行うには、各株主がどのくらいの株式を保有しているかを把握する必要があります。なお、株主がオーナー社長一人だけの場合は、オーナー社長から譲渡してもらうので、この工程は不要です。

(3)株式評価を行い、交渉を進める

MBOやEBOは株式を有償で譲渡するのが一般的であり、価格を決めるための株式評価が必要です。評価方法はいくつかあり、算出がむずかしいこともあるので、非上場株の評価に詳しい税理士など専門家に依頼することをお勧めします。

その結果をもとに新たな株主との交渉を進めていきます。複数の候補がいる場合も多く、また社員の多くが株式を分け合うケースもありますが、譲渡交渉は基本的にそれぞれの株主と個別に行います。

交渉が難航する最も大きな原因は、株式の売却価格です。トラブルを避けるためにも、株式評価の客観性の証明や株主全員が同じ条件であることをていねいに説明し、公平性を保つよう心がけることが大切です。

(4) 株式の譲渡手続きをする

株主との間で合意が得られれば、この段階で株式譲渡が成立します。しかし、中小企業では株式に譲渡制限を設けていることが多く、その場合は株主総会などによる承認が得られるまで株式譲渡が成立しないので注意が必要です。

リスクを減らし、スムーズな株式譲渡を行うポイント

失敗のリスクを減らし、スムーズな株式譲渡を行うためのポイントを挙げておきます。

(1) 企業価値の評価を明確にする

スムーズに交渉を進めるには株主が納得する交渉材料が必要です。その際に重要になるのは、専門家による客観的な企業評価です。その企業評価があれば、株主も買取り金額が妥当であると判断しやすくなり、交渉がスムーズになる可能性が高くなります。

⑵既存株主が応じてくれる株価を検討する

売却時の株価が取得時の株価を下回るのを避けたいと考えるのは、これまで株式を所有していた株主としては当然のことです。しかし、株主全員との合意が得られない場合やMBOやEBOのための資金調達がむずかしい場合もあります。

そのような場合は、経営権の掌握ができるよう、最低でも過半数の株式取得をめざすことも検討しましょう。

⑶専門家にサポートを依頼する

MBOやEBOを行うためには、企業評価や交渉など専門知識やノウハウが必要になる場面も多いのですが、専門家のサポートを得られればスムーズな事業承継につながります。

なお、どんな事業承継も同様ですが、社員の定着率、定着の度合いには気を配っておきたいものです。社長を子に替えた瞬間に、シニアの社員がどんどん辞めていってしまった――。そんな事態を避けるために、「経営権は譲ったけれど、株式だけは先代が保有したまま」というケースも実は多いのです。

3-9

MBOやEBOの資金調達方法と成功に導くポイント

MBOやEBO、また前述したMEBOの最大のネックは、非上場株式を買い取るだけの資金が足りないケースが多いことです。その場合は、金融機関や投資ファンドなどから融資や出資を受けることもあります。むしろ金融機関や投資ファンドなど資金関係の専門家からのアドバイスを受けつつ、資金調達のメドをつけながら進めていくケースが一般的です。

それらの方法とメリット・デメリットなどを見ていきましょう（次ページ図表3－12参照）。

ファンドからの出資では経営権を一定程度、握られることになる

金融機関からの借入れにより株式の買取り資金を準備する場合は、後継者がその借入れの債務者になります。社長と後継者がともに取引銀行に行って相談すれば、借りられるかどうか、ふさわしい金融商品などを紹介してくれます。借りられない場合も、ほかの借入れ先はないかなど、

図表3－12

金融機関や投資ファンドなどからの融資や出資の留意点

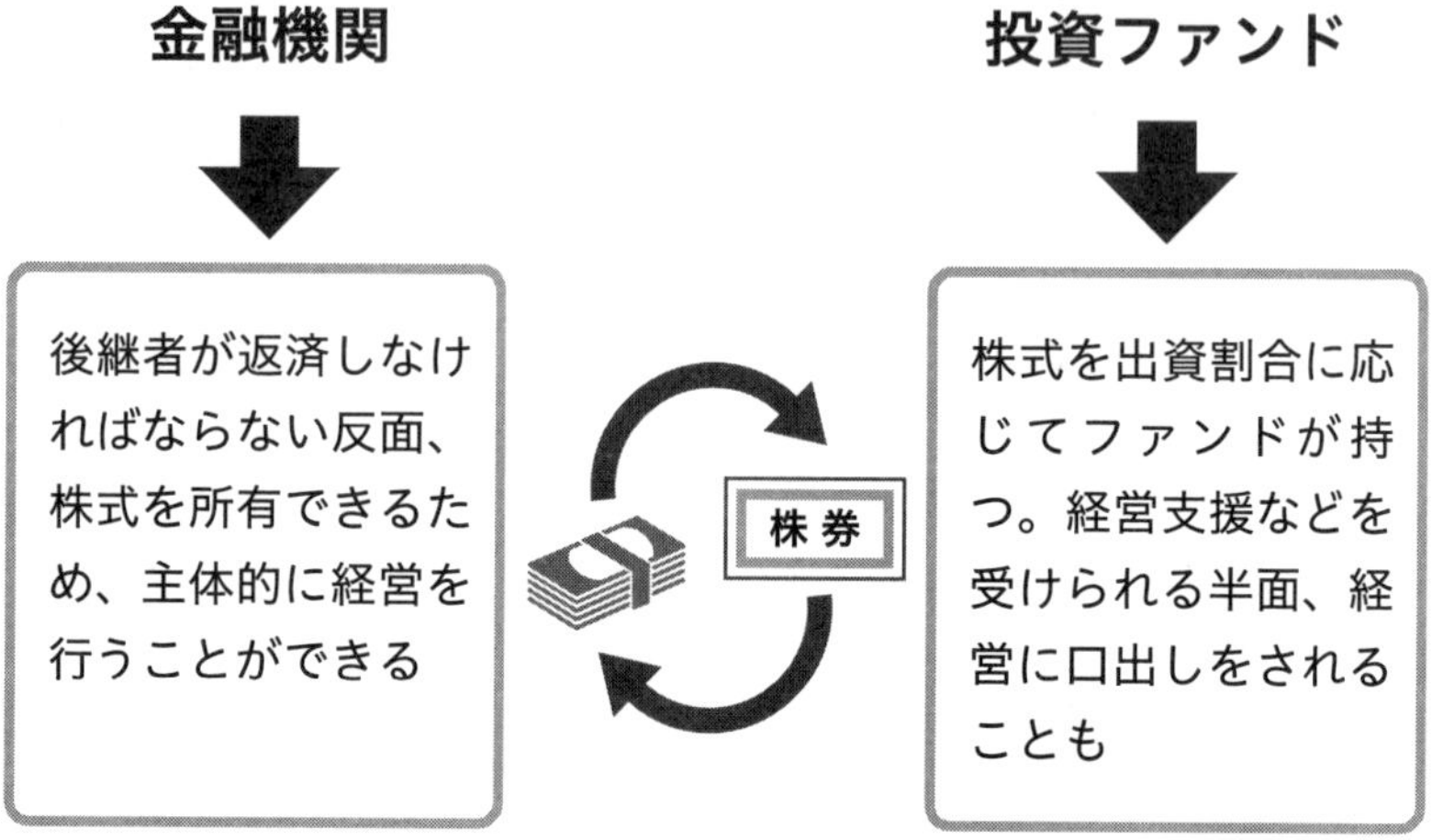
金融機関
後継者が返済しなければならない反面、株式を所有できるため、主体的に経営を行うことができる
株券
投資ファンド
株式を出資割合に応じてファンドが持つ。経営支援などを受けられる半面、経営に口出しをされることも

さまざまな相談に乗ってくれます。

また、一般的とはいえませんが、取引銀行が中心となってファンドを組んでくれるケースもあります。

なお、後継者が返済しなければならない半面、株式を所有できるため、ファンドから出資を受ける（ファンドが出資割合に応じた株式を保有する）場合と比べ、主体的に経営を行うことができます。

一方、ファンドからの出資により株式の買取り資金を準備する場合は、会社の経営権である株式を一定程度ファンドが持つことになります。

後継者が個人的に借入れをしなくてもよくて、ファンドから経営支援などを受けられる可能性がありますが、ファンドから経営に口出しをされることも考えられます。その点の善し悪しはあります。

MBOやEBOも早めに取り組む

MBOやEBOも、何より大事なのは、早めに準備を行うことです。時間に余裕をもって進めることで、会社の財務面・法務面を整えることができ、後継者側から見ても魅力的な会社になります。

MBOとEBOでは、後継者が資金を調達したり、場合によっては会社の債務の連帯保証人になったりしますので、魅力的な会社でなければ継ぐ意欲が湧きません。また、魅力的な会社にすれば、株式を譲渡する側も、株式の価格が高くなり、譲渡代金を多くもらえることになります。

また、会社の財務面・法務面を整えるには、専門的な知識も必要で、早めに弁護士や税理士などの専門家に相談し、事業承継のための専門家チームを編成しておくとよいでしょう。

第４章

Ｍ＆Ａを成功に導くポイント

【事業承継の実践３
Ｍ＆Ａの活用】

M&A

4-1

後継者が不在ならM&Aを検討しよう

後継者がいないときは、まずいろいろな相談先に相談してみることが大事です。社長が積極的に引き継ぎ先を探すことも大事ですが、まずは「どうしたらよいか」と相談してみるのです。最初の相談先は第三者的立場である公的機関がよいでしょう。その相談によって、より詳しい相談先、引き継いでくれる相手がいれば、より信頼できると考えられるからです。

公的機関、第三者的立場の機関には、次のような相談先があります。

■事業承継・引継ぎ支援センターで相談・支援を受ける

まず、全国各地にある事業承継・引継ぎ支援センターです（次ページ図表4―1参照）。事業の引継ぎに関する相談全般に応える機関で、親族内承継に関する相談はもちろん、第三者承継を選択する場合でも相談・支援を受けてもらえます。

図表４－１

事業承継・引継ぎ支援センターの事業内容

第三者承継支援

↓

相談から成約に至るまで、中小企業・小規模事業者の事業引継ぎをバックアップ

親族内承継支援

↓

円滑な事業承継のため、
事業承継計画策定等を支援

後継者人材バンク

↓

創業をめざす起業家と後継者不在の会社や個人事業主を引き合わせ、創業と事業引継ぎを支援

事業承継・引継ぎ支援センターでは、後継者人材バンクの事業も行っており、後継者不在の企業・個人事業主と創業をめざす起業家とのマッチング支援も行っています。積極的に活用するとよいでしょう。

各地の商工会議所も相談が可能

中小企業では各地の商工会議所に加入しているところも多いはずです。それら商工会議所でも、事業の引継ぎに関する相談が可能です。事業承継に関する診断を無料で受けられるほか、実際に事業承継をする際の準備や承継後の支援も受けられます。

また、専門の相談員のほか、事業承継の専門家を紹介してもらえる場合もあります。「後継者不在でどうしたらよいか、そのような場合の事業承継は何から始めればよいか」と率直に相談してみると、なんらかの解決の方法を提示してくれます。

いろいろな相談をしてみて、自社にとってなかなか「コレ！」という解決法が見いだせない場合、M&Aによる第三者承継が視野に入ってきます。

M&Aというと、古いタイプの経営者は「自分がずっとやってきた会社をお金で売り買いするのか」「会社を乗っ取られるのか」と気後れする人もいるかもしれません。しかし、いまは日常茶飯事といえるくらいに、中小企業はM&Aによる第三者承継に取り組んでいるのです。

4-2

Ｍ＆Ａによる事業承継とは何か、あらためて考えてみる

後継者不在の解消法の一つとして、Ｍ＆Ａによる第三者承継があります。Ｍ＆Ａはこれまで国内では外資系の企業が国内企業を乗っ取る手段として認知されてきた面があります。そのため「Ｍ＆Ａをしました・されました」というと、なんとなくネガティブなイメージを持っている人も多いでしょう。

ところが、今や国内でも実際にＭ＆Ａによって大きく成長したビジネスも増えてきて、事業承継でも有効な戦略の一つです。特に中小企業や個人事業の事業承継におけるＭ＆Ａ案件が増えています。

Ｍ＆Ａによる事業承継の方法は？

Ｍ＆Ａによる事業承継の方法としては、株式会社の場合は前述した株式譲渡による承継が一般

的です。買い手企業が一定数の株式を買い取って、売り手企業の経営権を譲り受けるケースが多いのですが、１００％子会社にする場合もあります。

売り手企業の社員や取引先などは、当事者の申し出がない限り、買い手企業にそのまま引き継がれます。そのため、売り手企業の社員や取引先に大きな動揺が走るケースは実は多くはなく、効率的に事業承継でき、運営もスムーズに進められます。

一方、株式ではなく、一部の事業や関連する資産を直接譲渡する場合もあります。今日、一般的に行われるようになった事業譲渡という手法です。複数の事業を運営している売り手企業が、一部を買い手企業に譲渡して対価を受け取るM&Aですが、この手法も今日、めずらしいものではありません。

事業譲渡では売り手企業もそのまま存続しますが、株式譲渡は経営権も買い手に譲渡されるのが特徴です。

M&Aによる事業承継では、スキームごとの特徴を把握し、どんなシーンに適するのか確認することから始めましょう。加えて、そのスキームを使用する際の注意点や実際の取引でよく用いられるスキームも理解しておきたいものです。

■売り手企業側の承継メリット

図表４－２

M &Aによる事業承継の方法

スキーム	内容	売り手企業のメリット
株式譲渡	買い手企業が一定の株式を買い取り、買い取った企業に経営権を譲り渡す	廃業することなく、事業を維持できる 社員の雇用を確保できる 創業者利得を得られる
事業譲渡	一部の事業や関連する資産を直接譲渡する	

M&Aによって第三者に事業を引き継いでもらう売り手企業側のメリットとしては、まず、廃業せずに事業を維持できることはもちろん、社員の雇用を確保できる点も挙げられます（上図表４－２参照）。

また、事業承継が実現すれば、仕事と苦楽をともにしてきた社員が、それまでと変わらず仕事を続けられます。一般に買い手企業のほうが経営を〝推し進める力〟がありますから、承継後に新たな経営者がうまく事業を運営してくれれば、社員の給与アップやスキルアップにもつながるでしょう。

オーナー自身が創業した企業では、ともに事業を成長させてきた社員も多く、そのまま自社で働き続けてほしいと考える社長は多いはずです。その社員たちが廃業によって職を失う事態を防げるならば、積極的にM&Aを推進したいと考える創業者は少なくないでしょう。

なお、前述のように株式譲渡や事業譲渡によって利益が得られる点も大きな魅力で、事業規模によっては莫大な利益を得られるケースもあります。それを老後の生活資金に充てたり、新たな事業を始める際の元手にしたりすることも可能でしょう。

もちろん、廃業する場合も残存資産を売却できる可能性はあります。ですが、市場価格の半額以下で買い叩かれるケースが多いので、ほとんど利益が残らないのが実情です。後継者がいなくて廃業を考えているならば、M&Aによって第三者に事業承継するほうが有利なのは間違いありません。

■M&Aに関する税制改正も進む

M&Aに関しても、「イノベーションの創出・育成」と「中小企業の成長・活性化」から、その動きを促すような税制改正が進んでいます。「イノベーションの創出・育成」では、2025年4月から「イノベーションボックス税制」がスタートします。人工知能(AI)などイノベーションにつながる研究開発や知的財産の取得や活用に関わる所得に対して、30%の所得控除を認める制度です。加えて、スタートアップの資金調達や人材確保を支援する次の内容も盛り込まれています。

①ストックオプション税制における年間の権利行使価額の上限を設立後5年未満の株式会社が付与するものは現行の2倍の2400万円に引き上げ。設立後5年以上20年未満であって上場企業でない会社と、上場企業でも上場後5年未満の会社が付与するものは現行の3倍の3600万円に引き上げる

②エンジェル税制の再投資期間の延長は引き続き検討する。

③スタートアップ企業の株式を取得した場合に一定額の所得控除を認める「オープンイノベーション促進税制」の適用期限を2年延長

④親会社の持ち分を一部残すスピンオフを「適格株式分配」とする制度の適用期限を4年間延長

なお、「中小企業の成長・活性化」については、成長意欲の強い中堅・中小企業が複数の中小企業を子会社化し、グループ一体となって成長していくよう促すことで、中小企業が従業員の雇用を確保しながら円滑に成長分野へ労働移動することを図っています。

4-3

M&Aは準備が重要 資料収集とともに、リスク判断は慎重に

誰でも、初めてのM&Aには不安が多いものです。具体的に着手する前に、可能な限りの準備を進めておくことで、心に余裕をもってM&Aを開始できます。自社（売り手企業）にとって、理想的な事前準備とは何か？ どんな状態にしておけばよいのか？ あるべき姿から逆算した〝スムーズなM&Aのための事前準備〟をまとめました。

まず資料収集から始めていこう

M&Aによる事業承継の場合は相手を探すに際して、自社の実態を正確に理解してもらうため、自社情報や対象事業に関する情報をまとめた資料を作成します。この資料を企業概要書（インフォメーション・メモランダム／IM）といいます。さまざまな角度から第三者目線で企業実態を明らかにしていくため、作成するには多くの資料が必要です。

図表4－3

企業概要書作成のための資料一覧

会社概要	決算資料	時価関係資料	事業内訳
会社案内、製品・サービスのカタログ など	決算書、固定資産台帳、会計ソフトデータ など	保険、株式、ゴルフ会員権の保有に関する資料 など	3期分の売上内訳、仕入内訳、外注内訳 など

拠点・不動産	組織・人事規程	従業員データ	契約関係
不動産登記簿謄本および公図、固定資産税課税明細書、不動産賃貸契約書 など	組織図、各種社内規程 など	従業員名簿、給与台帳、賞与台帳 など	銀行借入金資料、リース契約書、取引先との取引基本契約書 など

企業概要書の作成はもちろん企業価値の評価ともなると、さらに多くの資料が必要になります。上図表4－3は、実際にあるM&A仲介会社が、売り手企業に依頼している資料の一覧です。

その資料の収集は、売り手企業の第一のハードル。日々の事業活動を行いながら資料収集を進めることは、経営者や現場のストレスにつながりかねません。それだけに、いつかはM&Aを、と考え始めた段階で、少しずつ資料を整備していきましょう。

実行時のリスク把握を！

企業を経営するうえでは、さまざまな課題やリスクがつきものです。何かしらの課題やリスクを抱えていてもM&Aを進めることは可能ですが、具体的な交渉が進んでからリスクが露見すると、デューデリジェンスや株価の交渉に影響を与えかねません。

リスクを事前に把握しておくことで、対策が可能になります。どういった種類のリスクがあるか見ていきましょう（次ページ図表4－4参照）。

(1)財務に関するリスク

財務に関するリスクとは、企業の財務面から発生するリスクのことです。具体的には、偶発債務、簿外債務などがあります。

偶発債務とは、現時点では発生していない状態でも、将来にわたりある条件を満たしたときに発生する債務の総称です。たとえば係争中の案件を抱えており、将来に損害賠償金を支払う可能性が高いなどといったケースがあります。

簿外債務とは、帳簿すなわち貸借対照表に記載されていない債務のことです。代表的なものでは未払いの残業代や買掛金などがあります。簿外債務があることにより、貸借対照表が実態よりもよく見え、買い手企業が企業価値を見誤ってしまう、といったことが考えられます。

(2)法務に関するリスク

法務に関するリスクとは、売り手企業の契約や法令順守に関するリスクです。たとえば、売り

図表４－４

Ｍ＆Ａによる事業承継で発生するリスク

⑴財務に関するリスク	**偶発債務や簿外債務など企業の財務面から発生するリスク** ・係争中の案件を抱えている ・未払いの残業代や買掛金などがある
⑵法務に関するリスク	**売り手企業の契約や法令順守に関するリスク** ・売り手企業が保有する許認可を、買収後に承継できない ・Ｍ＆Ａを実行すると、売り手企業の重要な取引契約が解除される
⑶人材・労務に関するリスク	**役員、社員など「人」に関するリスク** ・Ｍ＆Ａの実施で役員・社員が辞めてしまう ・社会保険の加入・支払い状況が不正確、未払い残業代
⑷その他の事業運営上のリスク	**経営全般に関するリスク** ・好調な事業でも、今後は大手企業が同じ市場に進出してくる ・工場が違法の排水をしていた土壌に立っていた

↓

対処にあたっては、どんなリスクであっても株式を分散させず、集約しておくことが大切

手企業が保有する許認可を買収後に承継できない、M&Aを実行することで売り手企業の重要な取引契約が解除される、売り手企業の名称や事業内容が他社の知的財産権を侵害しているといったことです。

法務リスクによっては、買収価格が減額される要因になります。また、重大なリスクが潜んでいた場合、M&Aの実行自体が困難になる場合もあります。売り手企業としてもM&A前に可能な限り法務リスクを回避する必要があります。

(3)人材・労務に関するリスク

人材・労務に関するリスクとは、役員、社員など「人」に関するリスクのことです。役員がキーパーソンであるにもかかわらず、M&Aの内容に納得がいかず、その後反旗を翻し、業績が悪化してしまうこともあります。

また、社員から理解を得られず、M&A後に大量に人が辞めてしまったというケースもあります。この影響は業種によっても顕著で、たとえばシステムエンジニアを多く抱えるIT企業で大量にエンジニアが離職してしまえば事業が継続できません。結果としてM&A自体が破談になることもあります。

労務面では、特に社会保険の加入・支払い状況に注意をしておきましょう。残業代の未払いも同様に株価交渉時の減額要因になります。

⑷その他の事業運営上のリスク

その他の事業運営上のリスクとは、前述した分類以外に発生する経営全般に関するリスクです。たとえば今後の事業計画の不確実性の問題があります。現在ニッチ市場で好調な事業でも、今後大手企業が同じ市場に進出し、その競争に敗れれば将来的な収益悪化が見込まれます。また、売り手企業の工場が違法の排水をしていた土壌に立っていたという例もあります。

株式を分散させず、集約しておく

１つの企業に複数の株主がいる状態が、Ｍ＆Ａによる事業承継ではネックになることがあります。創業時に複数人が出資して業歴の長い企業は、相続を繰り返す中で株式が複数の株主に分かれてしまう株主分散の状態になっていることもあります。

一般に、発行済株式総数の３分の２以上の株式を有していれば、その株主は支配株主であるといわれ、定款の変更といった特別決議を単独で決めることができます。このほかにも、株主総会の議案提案権や帳簿閲覧権、取締役解任の訴求など、株主に認められている権利はたくさんあります。

ところが、１％分の株式しか持たない株主でも、株主名簿上で管理し、株主総会の招集通知を出すなど株主としての対応が必要です。非上場の企業の場合、こうした業務は社内で行うため、株主が増えるほど管理の費用や労力が増大します。

もし少数株主が経営方針に反対し、経営者に対してさまざまな要求を行った場合、経営者はそれに対応しなければなりません。結果として円滑な企業運営が阻害される要因になります。特に事業承継では、株式を集めておくことが不要なトラブルを未然に防ぐことにつながります。

なお、株式が分散している際は、まず「集約」することをお勧めします。株式の集約とは、複数の株主に分散している株式を、ある一人の株主に集めることです。特に、事業承継では親族内外に分散している株式を社長や後継者が買い集め、集約することがあります。

ここでネックになるのは、前述した「株価」と「資金負担」です。

株式譲渡では、株式の売り手と買い手の双方が合意した金額でもって売買します。双方にとって妥当な合意できる金額は、非上場会社の株式だと取引価格もないため時価の算定が必要です。

株式の集約は、株価の算定から株主との交渉、登記手続きに至るまで税務・法務の知識が欠かせません。専門家ではない当人が独断で進めると、交渉が決裂したり、思わぬ税金を課されたりすることもあります。今日では株式の集約を専門的に取り扱うコンサルティングサービスもあります。うまく活用し、トラブルを未然に防ぎましょう。

4－4 M＆Aによって事業の承継先を見つける方法

M＆Aによる事業承継も一般的になっている現状を理解できたら、事業の承継先を見つけるために、まず、懇意にしている取引先や利用している金融機関、顧問税理士などに打診してみるとよいでしょう。うまく紹介してもらえれば、コストをかけずに話を進められます。公的な機関を除くと主な紹介先は次ページ図表４－５のようなところがありますが、気心の知れた経営者同士の話し合いだけで、あっさり事業の譲渡先が決まることもあります。

■顧問税理士や取引銀行も自分の利益につながれば紹介してもらいやすい

腕のいい税理士はたくさんの企業を顧問先としているので、その人脈を活かして承継先を紹介してもらえるかもしれません。企業規模や業歴などの〝格〟にもよりますが、後継者不在で会社をたたまれると税理士にとっては重要な顧問先がなくなることになり、大きな痛手です。しかし

図表4－5

M＆Aによる承継先の見つけ方

顧問税理士や取引銀行に相談

新たなビジネスの展開を考えることもできる

マッチング事業を行っているところも増えた

自分の利益につながれば紹介してもらいやすい

M&Aの仲介会社を利用する

どんな紹介先より確実。高い確率で承継先を紹介してもらえる

譲渡に至る段階でさまざまな支援をしてもらえる

さまざまな料金が発生し、成果報酬なども異なる

M&Aのマッチングサービスを利用する

M&A マッチングサイトの専門業者も増えてきた

低コストで広く承継先を募集できる

マッチング以降の実務を有償で仲介する業者もいる

自分の顧問先をみずから紹介する場合は、新たなビジネスの展開を考えることもできます。そのため、ふさわしいと思える引き継ぎ先を探してくれるケースがあるのです。

金融機関も同様です。各地に事業所を置き、多くの取引企業を持つメリットを活かし、マッチングを事業の核の一つとしているところも最近は多くなってきました。金融機関にとっては紹介料・仲介料として多くのお金が入ることも魅力です。さまざまな業界の承継先を紹介してもらえる可能性があります。

M&Aの仲介会社を利用する

M＆Aの仲介会社に依頼すれば、高い確率で承継先を紹介してもらえます。引き継ぎ先探しと仲介を主業務としている以上、どんな紹介先より確実な面があります。実は事業承継・引継ぎ支援センターや金融機関のマッチング事業部と、M＆Aの仲介会社は相互に連携を取っていて、必要に応じて紹介し合える関係にある業者もいます。

承継相手のマッチングに加えて、譲渡に至る各プロセスでさまざまな支援をしてもらえることもメリットです。適宜アドバイスを受けながら事業承継を進めたい企業は利用してみてもよいでしょう。

ただし、相談料や着手金をはじめ、さまざまな料金が発生するのに加え、業者によって成果報酬などの具体的な金額が異なります。そのため、具体的な話になれば確認が必要です。手数料は数百万円から数千万円と規模によって差はありますが、一般的なビジネス感覚からすると高額なケースが多いです。

■M&Aのマッチングサービスを利用する

仲介業ではありませんが、M&Aマッチングサイトの専門業者も増えてきました。事業の売り手と買い手を直接つなげるサービスです。

実際には経営者がみずから相手を探してアクセスする必要があるサイトもありますが、ほかの方法に比べて低コストで広く承継先を募集できます。もちろん、マッチング以降の承継手続きまで有償で仲介する業者も増えてきました。

M&Aマッチングサイトなら、特に中小企業や個人事業主はそのサイトを日頃から確認し、サイトによる譲渡先探しに慣れておくことも大事です。譲渡金額が100万円以下の案件も多く取り扱っていますので、売り手企業としては「金額は低くてもかまわないので、事業の〝灯〟を消したくない」と考える場合にお勧めです。

後継者不在に悩む小規模事業の事業承継に成功している例も多いので、なかなか後継者が見つからず、廃業を検討している事業主は積極的に利用するとよいでしょう。

4-5 M＆Aによる事業承継の具体的な進め方

経営者の高齢化などの理由により、近年は中小企業においても事業承継を目的としたM&Aが増加していますが、M&Aがどんな手続きを経て行われるのか十分に理解している経営者はあまり多くはありません。それだけに、まず全体像を知ることが欠かせません。

M&Aによる事業承継の進め方について、いわゆる売り手企業から見たフローを中心にまとめました。

仲介会社が入れば、案件が具体的になった時点でいっぺんに進む

M&Aの順序についてフローチャートを紹介します。売り手側にとって一般的なM&Aの流れは、次ページ図表4−6のようになります。このフローチャートはあくまでも一般的な流れで、M&Aのスキームや個別の要件などによっては手続きを省略できます。

図表４－６

売り手企業側から見たＭ＆Ａの進み方

フロー	手順の内容
M&A アドバイザーとの契約	⑴ M&Aの目的や方向性を明確に定める ⑵ M&A仲介会社などの専門家に相談する
提案資料の作成	⑶ M&Aの方針・戦略・課題・売却価格などを検討する
ノンネームで打診した譲渡対象となる企業名を、買い手候補企業に開示する	⑷ M&A先の選定・交渉を始める
トップ面談の実施	⑷ M&A先の選定・交渉を始める
意向表明書の提示	⑷ M&A先の選定・交渉を始める
基本合意書の締結	⑸ 基本合意の締結を行う
デューデリジェンスの実施	⑹ 買い手側によるデューデリジェンスが実施される
最終譲渡契約書の締結	⑺ 最終条件の交渉に入る ⑻ 最終契約の締結を行う
クロージング	⑼ 買い手側による統合プロセスが実施される
M&A の実行	⑽ M&A後の情報開示、事業展開を行う

M＆Aを行う際は、経営者自身がある程度流れを把握しておくとスムーズに進められます。M＆Aの専門家への相談が必要になる場面も多いので、ざっくりと覚えておきましょう。

このフローを少し詳しくすると、図表４－６の右側、手順⑴から⑽の順番で進みます。

⑴M＆Aの目的や方向性を明確に定める

M＆Aの目的や方向性が定まっていないと重要な判断ができず、条件の交渉はもちろん、譲歩もなかなかできなくなるでしょう。M＆Aがスムーズに進まなくなったり、買い手企業側が有利になるように実施されたりする場合もあります。

M＆Aの戦略を決めるには専門的な知識が必要になるので、M＆Aの専門家と相談しながら現実的な手法を定めましょう。

⑵M＆A仲介会社などの専門家に相談する

次に、M＆A仲介会社などの専門家に相談します。一般的に、M＆A仲介会社に相談するうえで重要になるのは「秘密保持契約の締結」「アドバイザリー契約の締結」「自社情報・資料の提出」の３点です。

秘密保持契約はNDA（Non-Disclosure Agreement）と略すことも一般的で、自社がM＆Aの検討・交渉を行っている情報を漏洩させない約束をする契約です。M＆Aの情報はメリットをもたらす場合もありますが、特に売り手側には社内的、対取引先・消費者の面でもデメリットが大きくなります。

たとえば、適切な時期にM&Aの情報が公開できないと、自社の経営状態が悪いと考える社員に退職されることもあります。売却の情報が取引先や株価の算定に悪影響を及ぼすこともあります。最終的には想定より売却益が少なくなる結果になりかねません。

アドバイザリー契約を締結する「アドバイザリー」とは、M&Aに関して相談・アドバイスを行う専門家です。仲介会社によっては相談料が発生するので確認するとよいでしょう。アドバイザリー契約の締結以降は、クロージングを行うまでサポートが受けられます。

料金体系によってはアドバイザリー契約以降、着手金や月額報酬などが発生します。料金体系は各社各様で、「着手金無料」を謳う業者もいます。なお、不動産売買の仲介手数料のような法的な取り決めはありません。

自社情報・資料の提出では、相談の段階で自社情報・資料をアドバイザリーに提出します。アドバイザリーは、その情報や経営者との相談をもとに買い手企業を選定します。M&A仲介会社の場合は、相談を受けた際に自社情報・資料を記入するテンプレートを用意し、記入していくケースが多いです。

赤字が続いている、離職者が多い、訴訟を抱えている、簿外債務が多いなど、自社にとって不利な情報が多い場合もあるはずです。しかし、トラブルを回避するために虚偽の申告はしないようにしましょう。

(3) M＆Aの方針・戦略・課題・売却価格などを検討する

M＆Aの方針・戦略・課題・売却価格などを検討するうえで重要なのは「企業価値の評価」と「企業概要書」です。

企業価値の評価によって、売り手側企業の売却価格を算出します。評価方法には、貸借対照表をもとに算出するコストアプローチ法、将来に獲得できる収益を考慮して算出するDCF法、同規模の同業他社を参考に算出するマーケットアプローチ法などがあります。計算方法によって算出される企業価値は異なります。アドバイザリーと相談し、最適な企業価値の計算方法に基づいて売却価格を算出します。

企業概要書とは自社に関してまとめた資料です。前述した自社の情報・資料の提出はアドバイザリー向けであり、買い手企業を探す際に参考にされます。一方、ここでいう企業概要書は買い手企業に提出する資料で、自社の事業内容や現状、財務状況などを記載します。秘密保持などのために売り手・買い手とも企業名は伏せて提示されるケースが多いです。

(4) M＆A先の選定・交渉を始める

買い手企業の選定が終わり、決定したあとは、M＆Aを行う企業の経営者同士が面談します。

トップ面談を行ったあと、M&Aを行いたい場合は、まず買い手企業から売り手企業に対して意向表明書を仲介役のアドバイザリーに提出します。意向表明書の提出は法的な義務ではありませんが、買い手企業は前向きに検討していることを売り手企業に伝えられるので、交渉がスムーズに進めやすくなります。

(5)基本合意の締結を行う

基本合意では、M&Aスキームや取引価格の確認、後述するデューデリジェンスへの協力、独占交渉権の確認などを行います。書面で行われることが多く、基本合意書として締結します。

実は、基本合意書に記載されている内容のほとんどに法的拘束力はありません。たまに大手企業・金融機関のM&Aの基本合意が交わされたニュースが流れますが、そのあとに白紙状態になることがあるのは、この法的拘束力がないことも影響しているでしょう。

実際には、基本合意書の締結後に行われるデューデリジェンスによって、取引価格の決定やM&Aを実施するかどうかが決まります。

(6)買い手側によるデューデリジェンスが実施される

後述しますが、買い手企業によるデューデリジェンスはいわゆる企業監査で、売り手側企業を買収しても問題がないか確認するため、財務面や法務面などの専門家に調査を依頼します。

買収や合併など包括承継の場合、対象企業のすべての権利・義務を買い手企業は引き継ぎます。つまり、簿外債務や社内トラブルなども引き継いでしまう可能性が高く、その問題が大きすぎると、承継後に経営困難に陥ることにもなりかねません。

このようなリスクを事前に回避するためにも、買い手企業はデューデリジェンスを徹底的に行うのです。

(7)最終条件の交渉に入る

基本合意書で締結した内容をもとに、最終条件の交渉を行います。主な交渉内容は最終的な取引金額や譲渡の範囲です。デューデリジェンスの結果を受けての最終条件です。

最終条件の交渉では、譲渡後の社員の待遇も話し合います。M&A専門家との相談のもと、できるだけ自社の希望が叶うように全力を尽くしましょう。

(8)最終契約の締結を行う

最終契約書は基本合意書と異なり、法的拘束力を持ちます。つまり、締結すると契約内容を変えることはできません。万が一、自社の希望とあまりにもかけ離れているような場合、M&Aの交渉自体をなかったことにすることも一つの手段でしょう。

⑼買い手側による統合プロセスが実施される

統合プロセスとは企業の機能や社員の意識などを統一させる作業です。その前段階としてクロージングを進めます。最終契約書の内容をもとにヒトやモノ、カネを移動させるわけです。クロージングが実行されると、手続き上のM&Aは完了です。クロージングでは、さまざまな混乱が生じることが予想されます。そのため、どのように経営資源を移していくのか、クロージングの計画書などを事前に作成しておくことが重要です。

また、後述しますが、統合プロセスは一般的にPMI（Post Merger Integration＝合併後の統合）と呼ばれています。統合プロセスが達成されなければ、買い手企業が期待しているシナジー効果が得られません。なお、シナジー（synergy）とは、ヒト、モノ、事柄などが複数存在し、それらがお互いに作用し合い、機能や効果を高めることです。

統合プロセスにはハード面とソフト面の2種類があります。ハード面は機能面のことで、経理システムや給与体系の統一などです。ソフト面は社員の意識や社風の統一などで、M&Aによる事業承継のなかでも最も困難なプロセスです。

社風や考え方が異なる企業に勤めていた人が、M&A後の企業にすぐに対応できるかというとそうではありません。ソフト面の統合は一般的には1年以上かかるケースが多く、シナジーを早期に得るには、経営陣がリーダーシップを発揮する必要があります。

⑽M＆A後の情報開示、事業展開を行う

M＆A後、速やかに社内外へ情報開示を実施します。幹部社員や取引先、取引金融機関へ情報開示を、いつ、どのタイミングで行うかについては、関係者同士で十分に話し合いをしておくのが重要です。

特に幹部社員への開示のタイミングは、会社の規模や社員の状況、会社を取り巻く環境などによって異なります。新旧経営者で事前に相談しましょう。通常はM＆A契約締結直後が最適とされています。

なお、M＆Aによる事業承継では、手法も多くは株式譲渡か事業譲渡に限られ、また中小企業の場合は企業情報の把握や情報の開示にも多くの労力を要さないケースも多く、⑴から⑽のフローはかなり簡便化されるケースが多いです。

M＆Aによる事業承継で求められる契約書・書類

前述した各種の書類は、次のような名称も一般的です。まず、「ショートリスト」「ロングリスト」です。ロングリストは買い手（もしくは売り手）候補企業の条件を明確にし、その条件に該当しそうな企業のリストアップを経てリスト化した書類です。このロングリストをもとに、さらに精度を上げて絞り込んだリストがショートリストです。

また、「ノンネームシート」という書類もあります。いわゆる企業概要書です。秘密保持契約を締結する段階で買い手候補企業に提示する簡易な資料で、会社が特定されるような具体的な情報は記載せず、地域、事業内容、売上規模などの概要を匿名でまとめた書類のことです。

4-6 合併（事業譲渡・株式譲渡）のしくみと手続き

合併によって親族に事業を継いでもらうケースもあります。たとえば、社長の子が経営者としてすでに別の事業を営んでいて、その会社に合併してもらうケースは多く、その場合は会社の吸収分割と同様の手続きを経ます。また、事業を譲渡するのではなく、株式を譲渡する方法もあります。これらは通常のM&A（事業譲渡）と同様の手続きを経ます。

なお、正式には、事業譲渡は株式の変動を伴わないので、会社法における組織再編行為には該当しません。一方、株式譲渡は譲渡する株式が本来持っている権利や義務を移すのですから組織再編に該当します。そこで、まず事業譲渡を行い、徐々に株式を移していく方法も使われます。M&Aというと一般に合併や買収をいきなり行うケースを想定しがちですが、M&Aによる事業承継の場合、手続き上は徐々に事業譲渡や株式譲渡を行うケースも多いということです。

■合併により親族に事業を継いでもらう

M&Aには会社の合併や分割、売却(買収)、さらに広義では資本や業務の提携などさまざまな方法がありますが、売却する場合は事業譲渡か株式譲渡という手法をとります。事業承継で親族が経営する会社に合併してもらうケースでも、手法として多いのは事業譲渡か株式譲渡です。そこで、両者の違いについて簡潔に触れておきましょう。

事業譲渡と株式譲渡の違いは、

①取引の主体が誰、なんであるか、譲渡する対象がなんであるか

②契約内容がどうであるか、どんな目的で実施するのか

などに違いがあります(次ページ図表4-7参照)。また、一般に譲渡する売り手側の企業を譲渡企業と呼ぶのに対し、買い手側の企業を譲受け企業と呼んでいます。

(1)事業譲渡とは譲渡企業が持つ事業の一部もしくはすべてを第三者の企業に譲渡する手続き

事業譲渡には、すべての事業を譲渡する「全部譲渡」と、譲り渡したい事業のみ譲渡する「一部譲渡」があります。また、事業譲渡は個別の事業を継いでもらうことになるため、譲渡する対象を決める必要があります。商品や工場などの設備、不動産など有形のものから、ノウハウ、ブ

図表4－7

事業譲渡と株式譲渡の違い

	事業譲渡	株式譲渡
内容 種類	・すべての事業を譲渡する「全部譲渡」と、譲り渡したい事業のみ譲渡する「一部譲渡」がある ・事業譲渡契約を結ぶ	・譲渡企業のオーナー社長が譲受け企業に自社株を譲渡する ・株式譲渡契約を結ぶ
譲渡の主体	・法人	・社長個人（株主）
対象	・事業資産。個別の事業でもよい	・株式
法人格 経営権	・残したままでもよい	・過半数の株式を譲り渡せば、経営権が譲受け企業に移る

ランド、知的財産や特許権といった無形のものまで譲渡対象として決めていきます。

なお、事業譲渡の場合は譲渡後も経営権が移るわけではないため、譲渡した企業の法人格を残すことができます。

(2)株式譲渡とは、譲渡企業のオーナー社長が自社株を譲渡し、経営権が移る手続き

株式譲渡とは、譲渡企業のオーナー社長が譲受け企業に自社株を譲渡する手続きです。過半数の株式を譲り渡すことになれば、経営権が譲受け企業に移ります。

このような大きな違いがありますが、取引の主体については、株式譲渡は譲渡する主体が社長個人（株主）です。一方の事業譲渡は事業を持っている法人が主体です。

譲渡する対象は、株式譲渡は株式、事業譲

渡は事業資産です。

契約の内容については株式譲渡は株式譲渡契約を結びます。経営権を移すので契約書には株式の譲渡に関する基本情報、表明保証（契約の当事者同士に関する事項が、事実で正確であると保証する書類）、制約事項などを記載します。事業譲渡では事業譲渡契約を結び、資産目録（会社が所有している資産の一覧表）を用いて、譲渡対象の事業に関わる資産・負債を指定します。

実施目的は株式譲渡だと株式の過半数を譲り受けて対象企業の経営権を得ることですが、事業譲渡では事業の取得です。

このような違いがあります。

事業譲渡・株式譲渡のメリット・デメリットを考える

(1)事業譲渡のメリット・デメリット

事業譲渡では、譲渡企業は自社が本来行ってきた中核事業に集中できる点がメリットです。譲受け企業としては、必要な事業のみを取得でき、株式譲渡など包括的な譲渡を行う手法と比べて負債や不利な契約、簿外債務を引き継ぐリスクが低い点などがメリットです。

一方、譲渡企業としては個々の資産や取引別に譲渡手続きを行うので、手続きが煩雑であることがデメリットです。顧客や賃貸借契約についても譲渡の手続きを行う必要があるため、株式譲渡に比べて手続きが煩雑です。

譲受け企業も同様に譲渡企業が結んでいた契約をあらためて締結する必要があり、取引先が同意しなければ譲渡企業の契約上の地位を継ぐことはできません。許認可の譲渡もできません。

また、譲渡する事業にたずさわる社員には、転籍の同意を得なくてはいけません。勤続年数や有給休暇などの労働契約が引き継がれないケースもあるなど、転籍の条件を理解してもらう必要もあります。

(2) 株式譲渡のメリット・デメリット

次に株式譲渡のメリット・デメリットです。株式譲渡では、まず、譲渡企業が会社を存続することができる点がメリットです。株式譲渡は事業譲渡と異なり、経営権は譲受け企業に移ったとしても、会社そのものはそのまま存続できます。

また、譲渡企業としては事業承継ではあまり使われませんが、株式の比率を調整して意思決定の権利を保有できる点もメリットです。過半数の株式を譲渡すると経営権は譲受け企業に移りますが、3分の1以上の株式を保有し続ければ株主総会における特別決議を単独で否決することができます。

さらに、譲渡企業の経営者個人としては、株式を譲渡したときにお金が入ります。事業譲渡の譲渡金は譲渡企業に入りますが、株式譲渡の譲渡金は株主である経営者個人に入ります。いわゆる創業者利得を得ることで、ハッピーリタイアを実現したり、次の事業を行う資金をつくったりすることができます。

一方、譲渡企業のデメリットとしては、株主が複数いて株式が分散されていると、株式を取りまとめるのに手間がかかります。譲受け企業としては許認可を引き継ぐことができる点はメリットですが、事業譲渡と異なり経営権の承継となるため、負債や簿外債務を含めて引き継ぐリスクがあります。

事業譲渡と株式譲渡の選択基準は？

事業譲渡と株式譲渡のどちらを選んだらよいか。そのポイントをいくつか見ておきましょう（次ページ図表4－8参照）。

(1) 譲渡範囲をどうするか

会社全体を譲渡したいのか、一部の事業を譲渡したいのかなど、譲渡対象の範囲が判断基準の一つです。事業承継での株式譲渡は経営権そのものを譲渡することになるため、事業を区分けして譲り渡すことはできません。

図表４－８

事業譲渡と株式譲渡の選択基準

⑴譲渡範囲	・会社全体を譲渡したいのか、一部の事業を譲渡したいのかなどで考える ・株式譲渡では事業の切り分けはできない
⑵税　　金	・事業譲渡では課税資産は消費税の対象になり、加えて譲渡益には法人税（約30%）がかかる ・株式譲渡は消費税の対象ではないが、譲渡益に対して 20.315%（所得税および復興特別所得税＋住民税）がかかる ・譲渡企業が不動産所有を所有している場合は、不動産所得税や登録免許税がかかる
⑶社員の同意	・事業譲渡では各社員に個別の同意を得なければならない ・株式譲渡の場合は、社員に個別の同意を得る必要はない
⑷負債の状況	・事業譲渡では簿外債務を引き継がないことが可能 ・株式譲渡は簿外債務を含めた負債を包括的に引き継ぐ

(2)税金がどのくらいかかるか

事業譲渡と株式譲渡では税金がかかる対象と税率が異なります。事業譲渡では課税資産は消費税の対象になり、加えて譲渡益には法人税（約30％）がかかります。株式譲渡は消費税の対象にはなりませんが、譲受け企業の経営者が受ける譲渡益に対して20・315％の所得税（所得税および復興特別所得税＋住民税）がかかります。

また、譲渡企業が不動産を所有している場合は、不動産取得税や登録免許税がかかります。

(3)社員の同意が得られやすいか

転籍すなわち雇用契約の移転に関して、事業譲渡では各社員に個別の同意を得なければなりません。同意が得られない場合は、引き続いて事業に従事してもらうことはできません。株式譲渡の場合は、法人はそのまま存続するため、社員に個別の同意を得る必要はありません。

(4)簿外債務を含む負債の状況は？

事業譲渡では簿外債務を引き継がないことが可能ですが、株式譲渡は簿外債務を含めた負債を包括的に引き継ぐことになります。そのため、退職給付引当金やリース債務など譲渡企業の簿外債務について細かく確認しないと、思わぬ負担を抱え込む可能性があります。

４－７ 株式交換のしくみを理解しよう

株式交換をすると企業に１００％の親子関係が生まれるため、企業グループ内の組織再編などで使われています。譲渡企業の全株式を譲受け企業の株式と交換するので、譲渡企業の対価は譲受け企業の株式です。ここが大きな特徴の一つです。

譲渡企業と譲受け企業の留意点

(1) 譲渡企業とその株主への影響は少ない

株式交換は株式譲渡と同様に譲渡企業がそのままの状態であり、譲渡企業自体への影響が比較的少ない手法です。なお、税務上の取扱いについては、譲渡企業の原則は時価で株式を移転し、「税制適格要件」を満たす場合には簿価での移転となり、課税関係はありません。また譲渡企業の株主について、株式交換の対価が譲受け企業の株式だけの場合には課税関係はありませんが、現金などの株式以外の資産が対価に含まれる場合は、譲渡損益が計上されます。

(2)譲受け企業もスムーズに組織再編が可能

株式交換では譲渡企業の法人格に変化がなく、資本関係により譲受け企業のグループに加えることができるため、社員との雇用関係や取引先との契約関係など社内外の利害関係者との法的な関係や取得している許認可に影響が及ぶことがなく、比較的スムーズに事業承継ができます。

なお、譲渡企業の保有資産・負債のうち、不要なものがあっても、事前に資産整理などを行わない限り、そのまま引き継ぎます。そのため、簿外債務などのリスクも引き継ぐことになります。

さらに、株式交換では、譲受け企業の株主に譲渡企業の株主が加わるため、譲受け企業の経営に一定の影響力を及ぼすことがあります。

■株式交換の特徴としくみ

株式交換について、例を挙げて見てみましょう（次ページ図表4－9参照）。なお対価はすべて譲受け企業の株式とし、譲渡企業と譲受け企業に資本関係はないものとします。

譲渡企業であるA社の株主には、A社の株式と引き換えに譲受け企業であるB社の株式が交付され、株式交換後はB社の株主にA社の株主も加わります。一方、A社株式は、買い手側である

図表４－９

株式交換のしくみ

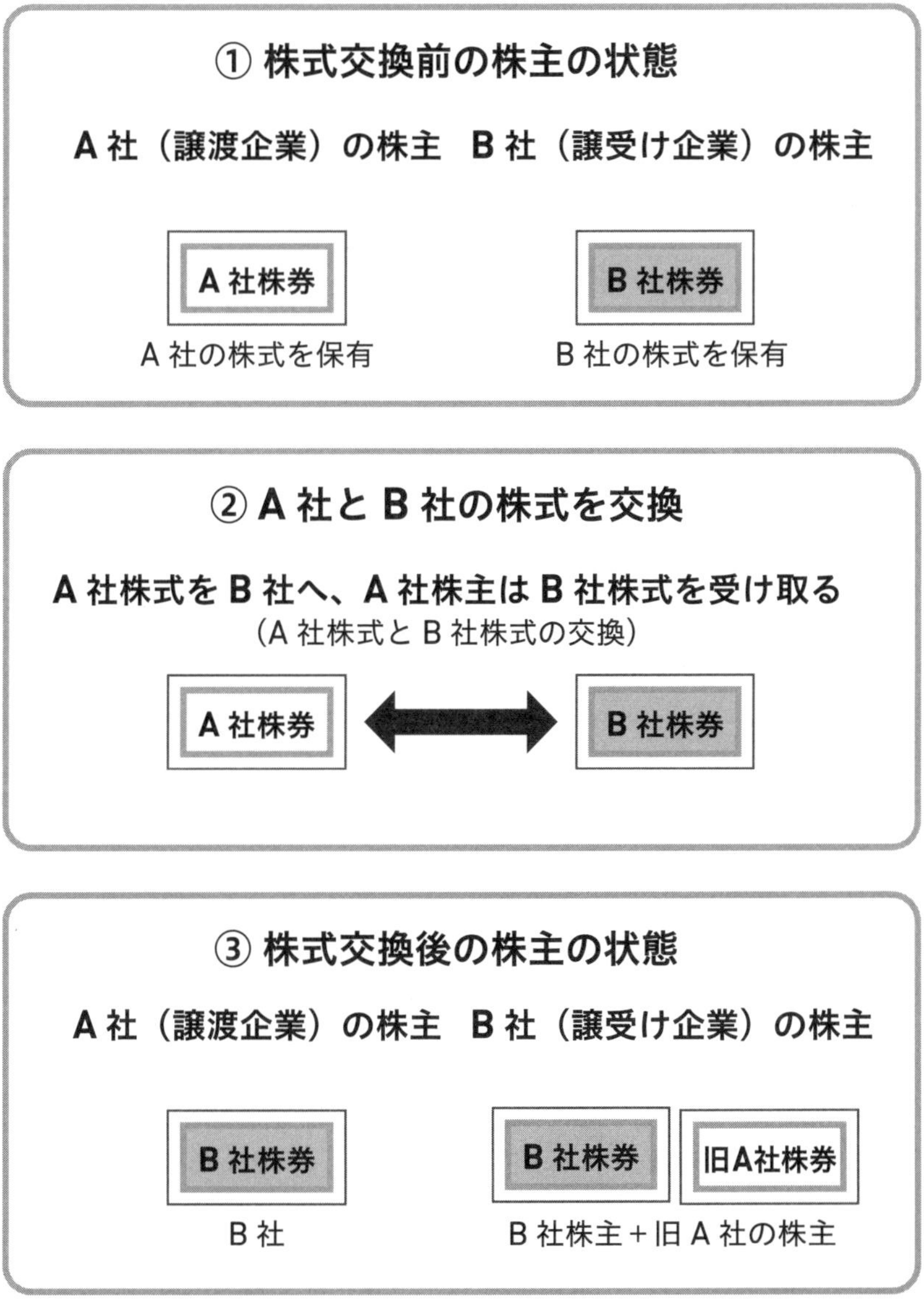
① 株式交換前の株主の状態
A 社（譲渡企業）の株主
B 社（譲受け企業）の株主
A 社株券
B 社株券
A 社の株式を保有
B 社の株式を保有
② A 社と B 社の株式を交換
A 社株式を B 社へ、A 社株主は B 社株式を受け取る
（A 社株式と B 社株式の交換）
A 社株券
B 社株券
③ 株式交換後の株主の状態
A 社（譲渡企業）の株主
B 社（譲受け企業）の株主
B 社株券
B 社
B 社株券
旧A社株券
B 社株主＋旧 A 社の株主

B社が所有することになるため、100％の親子関係が成立します。

簡易株式交換と略式株式交換、2つの簡便な方法

株式交換には、比較的手続きが簡便な「簡易株式交換」と「略式株式交換」があります。

(1)簡易株式交換とは

株式交換では、親会社と子会社の双方が、株主総会の特別決議による株主の承認を得なければなりません。しかし、親会社が交付する対価が、純資産額の5分の1以下である場合は、親会社における株主総会の特別決議が不要です。これが簡易株式交換です。

(2)略式株式交換とは

一方の会社が、他方の会社の総株主の議決権の90％以上を保有する場合など特別支配会社に該当する場合は、株式交換にかかる株主総会の承認を必要とする実質的な理由はありません。そのため株主総会決議は不要です。これが略式株式交換です。

なお、株式交換と似たスキームに、後述する株式移転があります。株式移転は持ち株会社を新しく設立し、100％の親子関係を生じさせる企業グループをつくる組織再編の方法です。株

式移転によって新たに設立される会社を株式移転設立完全親会社、株式移転によって完全子会社となる会社を株式移転完全子会社といいます。

このような株式移転と株式交換の違いは、親会社が既存の会社であるか新しく設立される会社であるかという点です。

株式交換のメリットは？

譲渡企業・譲受け企業に共通するメリットとして、スムーズな経営統合ができる点があります。複数の企業を統合して組織再編を行う場合、株式交換では譲渡企業の法人格が変わらず、契約関係の処理や許認可などの再取得手続などの問題が比較的少ないため、譲渡企業の独立性を維持でき、緩やかにスムーズな経営統合を実現できるのです。

(1) 譲渡企業のメリット

譲渡企業の１００％の株式を譲受け企業が取得することが前提ですが、株式譲渡とは異なり、株式交換では譲渡企業の株主全員の同意を得る必要がありません。譲渡企業での株主総会の特別決議で、議決権の３分の２以上の賛同が得られた場合、株式交換を実施できます。

なお、反対株主は会社に対して株式の買取り請求を行うことができます。

(2)譲受け企業のメリット

譲受け企業のメリットとしては、株式交換の場合、子会社となる譲渡企業の株主に支払われる対価は現金ではないので、M&Aの資金を用意する必要はありません。そのため、手持ちの資金が少ない場合のほか、金融機関からの融資でM&Aを実行したくない場合などには有効な方法です。

■株式交換を行うにあたっての注意点は?

譲渡企業・譲受け企業双方に共通する注意点・デメリットとしては、原則として株主総会での特別決議が必要なことです。

特別決議で株主から株式交換の承認を得るには、議決権の過半数を有する株主が出席し、出席した株主の議決権における3分の2以上の同意が必要です。株主に対する招集通知手続きも必要で、譲受け企業・譲渡企業ともに株主が多いと費用も時間もかかります。

(1)譲渡企業の注意点・デメリット

譲渡企業の注意点・デメリットとしては、強制的に株式が交換されることです。株主総会の特別決議で株式交換が承認された場合、譲受け企業の株式に交換されるため、譲渡企業の株式を持ち続けることができません。

また、あまり多くないケースですが、譲受け企業が非上場の場合は株式の現金化が困難です。そのほか、株式交換では譲受け企業が上場企業である場合が多いため、譲渡企業の株主が取得した譲受け企業の株式については、株式市場における株価変動のリスクを負います。株価上昇によるキャピタルゲインを獲得することもありますが、株価が下落する可能性もあるわけです。

(2) 譲受け企業の注意点・デメリット

譲受け企業の注意点・デメリットとしては、事業譲渡であれば、譲受け企業にとって必要なものを切り取って引き継ぐことができますが、株式交換は包括承継されるため、譲受け企業にとっては不要な資産や負債も引き継ぐことになります。

また、株式交換では、譲受け企業の株主に譲渡企業の株主が加わり、譲受け企業における株主構成が変わります。それをよく思わない株主もいます。

株式交換の手続きは？

株式交換とはどんな流れで行われるのか。会社法の規定を中心に見ていきます（２０１ページ

図表4－10参照)。

株式交換ではまず、株式交換契約を当事者間で締結します。必要な記載事項は、株式交換する会社（当事会社）の特定、子会社の株主に対して交付する金銭など、子会社の株主に対する株式の割当てに関する定め、効力発生日などです。

事前開示書類の作成・備《そな》え置《お》き（必要なときにすぐに使えるよう、あらかじめ用意しておくこと）では株式交換後に完全親会社・子会社となる双方とも、株主総会開催日の2週間前などの会社法で定められた日から、株式交換に関する一定の事項を記載した書面（事前開示書類）を本店に備え置きます。

そして、株式交換に関する複数の手続きを進めます。複数の手続きとは、株主総会の開催と決議に伴う招集通知、株主総会の承認、株式の買取り請求、株券の提出、債権者保護の手続きなどです。また、並行して株主や債権者への説明などを行います。

最後に、株主交換の効力が発生することに伴う変更登記を行います。株式交換の効力発生日に親会社は子会社が発行するすべての株式を所有することになります。子会社となる譲渡企業では、株式数や資本金に変動がないため、原則として登記は不要です。

一方、株式交換で譲受け企業が新株を発行する場合には、株式数や資本金に変動が生じるため、登記が必要となります。この場合は、効力発生日から2週間以内に変更登記をしなければなりません。

図表４－10

株式交換の手順

手順①　株式交換契約の締結

↓

手順②　事前開示書類の作成・備置き

↓

手順③　複数の手続きの進行

↓

手順④　株式交換の効力発生・変更登記

↓

手順⑤　事後開示書類の作成・備置き

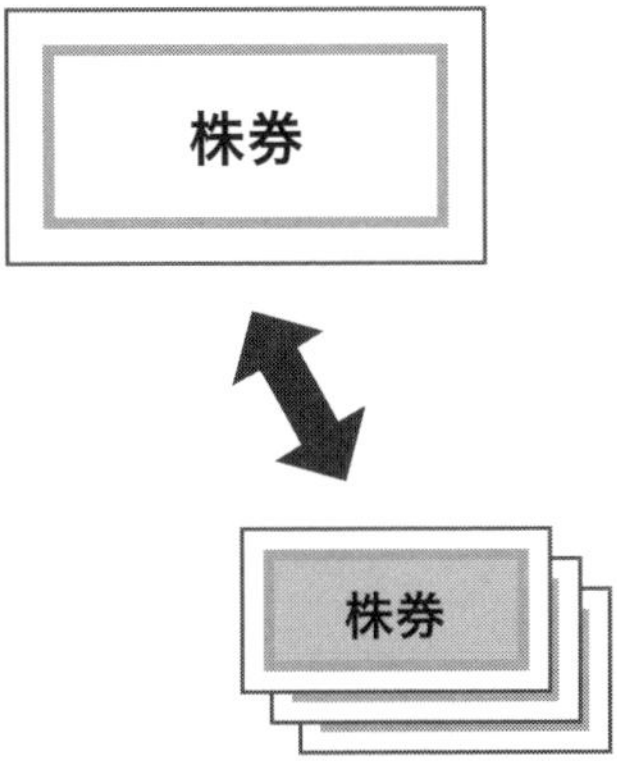

・株主総会決議
・株式の買取り請求
・株券の提出
・債権者保護手続き

なお、事前開示書類の作成・備置きと同様、株式交換の効力発生日後、一定期間、開示書類を作成し、備置きします。

■株式交換の税務などの注意点

株式交換を行う際には、株式に関することで、税務上の注意点があります。

株式に関しては、株式交換比率の算定に注意します。株式交換比率とは、譲受け企業が株式交換によって譲渡企業を完全子会社化する際に、譲渡企業の株主に対して交付する株式の割合のことです。

たとえば、譲受け企業であるA社が譲渡企業であるB社の株主に対して、B社株10株にA社株5株が交付された場合の株式交換比率は「A社：B社＝10：5＝1：0・5」です。この株式交換比率の算定には、原則として譲渡企業と譲受け企業の株価を用いて算定するので、譲渡企業と譲受け企業それぞれの株価を算定する必要があります。

株式交換における税務については、法人税、所得税などの課税関係が生じます。株式交換の対価が株式か株式以外の財産であるかで、譲渡企業の株主に対する課税が変わります。

株式交換をはじめM&Aに詳しい税理士の力を借りないと、中小企業ではなかなか実行しにくい事業承継であることは事実です。そうした背景もあり、中小企業では株式交換よりも株式譲渡が一般的です。

譲渡企業の株式の対価として、譲受け企業から譲渡企業の株主に株式が支払われますが、買い手側である譲受け企業も非上場である場合には、その株式を売買するマーケットがなく、評価や現金化がむずかしいからです。

4-8

会社分割のしくみと手続き

ここでは、M&Aによる事業承継の手法として、株式譲渡や事業譲渡などに次いで使われるスキームとされる「会社分割」についてまとめておきます。

では、そのしくみや手続きを詳しく見ていきましょう。

■会社分割で、後継者に事業を渡していく

会社分割とはM&Aの手法の一つで、端的にいうと一部もしくは全部の事業に関する権利や義務をほかの会社に継いでもらう方法です。事業承継において典型的なスキームは、後継社長がつくった会社に事業に関する権利や義務を継いでもらう方法で、これを吸収分割といいます。一方、事業に関する権利や義務を継ぐために後継者が新しく会社をつくることを新設分割といいます。

事業に関する権利や義務はそのすべてでなく一部でもよく、一部の例でよく見られるのは、あ

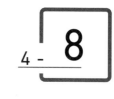

る事業部を継いでもらうとか、アウトソーシングできる部分を事業として継いでもらうなどの方法があります。なお、継いでもらうもとの会社を分割会社といいます。

一般的な手続きは、次ページ図表４－11のようになります。公告や催告、書面の備置きなどの言葉があるように、オーナー企業でも実質的には会社だけで行うより、弁護士をはじめ司法書士など士業資格者に協力して行ってもらうことが多いようです。

(1)事前準備と交渉

事前準備と交渉では、会社分割のメリットやデメリット、リスクなどを踏まえて話し合っていくことが大切です。特に中小企業では後継者の設立した会社に社員を転籍させるケースがあります。果たしてそれが可能なのか、適任者か、本人の承諾を得ているか、など転籍させる社員の状況を正確につかんでおかないといけません。なお、転籍の場合には、労働契約承継法という法律に会社は制約されるということも覚えておきましょう。

(2)分割契約の締結と分割計画の作成

分割契約を結ぶほか、新設分割の場合は分割計画を作成し、その計画書に沿って分割を進めていきます。これら契約のしかた、計画書の内容などは会社法に規定されていますから、その規定に沿った対応を行うことが大事で、会社が自由にできるものではありません。

図表4－11

会社分割の手順

(1) 事前準備と交渉	会社分割のメリットやデメリット、リスクなどを踏まえて話し合っていくことが大切
(2) 分割契約の締結と分割計画の作成	分割契約のほか、新設分割の場合は分割計画を作成し、その計画書に沿って進める
(3) 分割契約と分割計画に関する書面の事前備置き	備置き期間は株主総会での承認決議の2週間前、債権者や株主などへの通知または公告の日などの日から分割の効力発生日後6カ月を経過するまでの間
(4) 株主総会における承認決議	株主総会の特別決議による承認を受けなければならないが、「略式手続き」で済ませるケースも多い
(5) 反対株主と新株予約権者への通知や公告	合併の効力発生日の20日前までに通知をしなければならない
(6) 債権者に対する官報公告や催告	1カ月以上は異議を述べることができる期間を用意し、官報に公告し、債権者には催告する必要がある
(7) 会社分割の効力の発生	分割契約で定めた効力発生日、新設分割会社は成立の日に効力が発生
(8) 会社分割に関する書面などの本店備置き	株主や債権者からの閲覧や謄本交付の請求に対応できるようにする
(9) 登記	吸収分割では効力発生日から2週間以内に変更登記を、新設分割では効力発生日から2週間以内に分割会社の変更登記と新設分割会社の設立登記を

(3)分割契約と分割計画に関する書面の事前備置き

法律では、分割会社（売り手）、承継会社（買い手）ともに、分割契約と分割計画で定めた事項を書面や電磁的記録で備え置く必要があります。その期間は株主総会での承認決議の2週間前、債権者や株主などへの通知または公告の日から分割の効力発生日後6カ月を経過するまでの間となっています。

(4)株主総会における承認決議

分割会社と承継会社は、原則として、会社分割の効力発生日の前日までに株主総会で分割契約と分割計画について、特別決議による承認を受けなければなりません。ただし、多くの会社では株式交換と同様に「略式手続き」で済ませているでしょう。

略式手続きは、分割会社および承継会社の一方が90％以上の議決権を持っている関係のときに行うことができます。いわば、社長がほとんどの自社株を持つオーナー企業で可能な手続きです。この場合は分割会社での株主総会における承認決議は不要で、さらに分割会社が承継会社のほとんどの株式を持っていれば、承継会社での株主総会における承認決議も不要です。

なお、承継会社が分割会社に交付する対価が承継会社の純資産の5分の1を超えない場合に行うことができる「簡易手続き」というものもあります。株式交換の際と同様の手続きです。この場合も、株主総会における承認決議は不要です。

⑸反対株主と新株予約権者への通知または公告

会社分割に反対する株主は、会社に自分が持つ株式を公正な価格で買い取ることを請求できます。それができるよう、会社は会社分割の効力発生日の20日前までに通知をしなければなりません。この20日の通知期間は重要で、この期間を念頭においてスケジュールを調整します。

⑹〜⑼債権者に対する官報公告や催告、書面の備置きと登記

分割会社と承継会社の債権者はともに会社分割について異議を述べることができ、会社は弁済や担保の提供をする必要があります。そのため、両社とも1カ月以上は異議を述べる期間を用意し、官報に公告し、債権者には正式に伝える（催告）必要があります。

このような手続きを経ると、分割契約で定めた効力発生日、新設分割会社は成立の日に会社分割の効力が発生します。その後、分割会社では速やかに、承継会社と共同して承継させた権利義務などを記載した書面（電磁的記録を含む）を作成し、株主や債権者からの閲覧や謄本交付の請求に対応できるようにします。承継会社、新設分割会社も同様です。

なお登記は、吸収分割では効力発生日から2週間以内に変更登記を、新設分割では効力発生日から2週間以内に分割会社の変更登記と新設分割会社の設立登記を行います。

4－9

株式移転は事業承継で使えるのか？

株式移転とは、既存の株式会社（1社または複数）が新規に親会社を設立し、発行済みの株式をすべて取得させることです。この株式移転によって完全な親子関係の会社ができます。株式移転には複数の株式会社が子会社になる経営統合のパターンと、1つの株式会社が単独で行う持ち株会社（ホールディングス）化のパターンがあります。いずれも数は少ないですが、事業承継の際にも活用できます。

経営統合と持ち株会社による事業承継

経営統合は複数の株式会社が共同で株式移転を行い、発行済みの株式の全部を新設会社に取得させる手法で、「共同株式移転による経営統合」といいます。共同株式移転により、既存の会社は新設会社の子会社となり、既存の会社は存続するため、経営統合後の役員や社員の心理的抵抗が少なくなります。

次に持ち株会社（ホールディングス）化は、1社単独での株式移転で親会社となる持ち株会社を新設し、既存の会社に全発行済みの株式を取得してもらいます。多くの場合、持ち株会社化は所有（株主）と経営（役員）を分離することで、事業の健全運営をめざすために行います。中小企業でも持ち株会社化している会社を見かけますが、この手法を使っているケースが多いです。

株式移転は株式交換と名称が似ていますが、手法は異なります。株式移転では親会社を新設するのに対し、株式交換では既存の会社を親会社とする点です。効力発生日も異なり、株式移転では新設会社の登記日に効力が発生し、株式交換では株式交換契約書に記載された日に効力が発生します。

株式移転のメリットはスムーズな経営統合ができること

株式移転のメリットは、主に次のとおりです。

(1)資金が不要

株式移転による組織再編では新設の親会社が株式移転の対価として新株を発行すればよいため、資金が必要ありません。株式移転では、会社の財務への影響なしに組織再編が可能です。

(2)スムーズな経営統合が可能

株式移転による組織再編が行われても既存企業は子会社として存続するため、早急な改変をしなくても事業を継続できます。時間をかけてグループ全体の内部統合を行えるため、大きな混乱に伴うリスクを避けられます。

(3)少数株主の排除が可能

株式移転では新設会社が子会社の全株式を取得するため、少数株主（親会社以外の株主）がいなくなります。少数株主が経営方針に反対することで、事業推進の妨げになるケースもありますが、少数株主が排除できるのは大きなメリットです。

株式移転のデメリットは反対株主の請求に応じなければならないこと

一方、次のようなデメリットもあります。

(1)手続きが煩雑

株式移転では、株式移転計画の立案から株主総会での承認、反対株主の株式買取り請求への対応などさまざまな手続きがあります。加えて、それぞれの手続きが煩雑であるため、一定の知識と時間もかかります。着手から完了までに数カ月の期間を要するケースも多いため、手続きに着手する前に綿密なスケジュールを立てて、計画的に実行する必要があります。

(2)反対する株主の請求に応じなければならない

株主総会を開く前や株主総会で反対の意思表示をした株主は、株式の買取り請求権を行使できます。株式の買取りについては会社と反対株主間で価格を協議し、合意した金額を支払わなければなりません。

(3)株主構成が変動する場合がある

共同株式移転の場合、複数の会社の株主が新設親会社の株主となるため、株主構成が変動します。議決権に関わるため、経営上の意思決定に影響し、共同株式移転前の意思決定から大幅な変更が行われる可能性があります。

(4)株価下落のリスク

株式移転を行う会社が上場企業の場合、株価が下落するリスクがあります。1株あたりの利益が減少し、子会社を傘下に持つ＝会社数が増加すると管理コストが増加し、さらに利益が減少す

図表4－12

株式移転の手続き

① 株式移転計画の作成

↓

② 事前開示書類の備置き

↓

③ 設立の登記申請

↓

④ 効力の発生

↓

⑤ 事後開示書類の備置き

ることもあるからです。

株式移転に必要な手続きは？

株式移転において親会社の設立は、株主総会の特別決議で株主の承認を得なければできません。手続きは、上図表4－12のような流れで進めます。

まず「株式移転計画」を作成します。計画書に盛り込む主な項目は、「新設会社の目的・商号・本店所在地・発行可能株式総数」「新設会社の定款で定める事項」「新設会社の設立時の取締役の氏名」「既存の株主に交付する新設会社の株式と割当て」「新設会社の資本金と準備金」などです。

また、株式移転により完全子会社となる会社は、株主総会の2週間前など会社法で定められた日から新設会社が設立された日以降6カ月を経過するまでの間、事前開示書類を備え置かなければなりません。

株式移転では新設する親会社の登記により効力が発生しますが、効力発生日以後、親会社と子会社は株式移転の効力発生日、株式移転によって完全親会社に移転した完全子会社の株式総数、債権者異議手続き・新株予約権者・反対株主からの買取り請求の経過、その他株式移転に関する重要事項などを記載した書面（事後開示書類）を作成します。事後開示書類は効力発生日から6カ月間本店に備え置く必要があります。

■株式移転を行う際の注意点

注意点としては、まず株式会社以外は株式移転ができないことです。また、株式移転では完全子会社となる会社は存続し、権利義務を承継しないため、原則として債権者保護手続きは不要です。ところが、完全子会社の新株予約権付き社債の社債権者に対しては債権者保護が必要です。

債権者保護手続きとしては、1カ月以上の請求期間を設けて公告や催告、異議を述べた場合の債務の弁済などがあります。

4-10 デューデリジェンスっていったい、どんなことをするの？

デューデリジェンス（Due Diligence）とは、ＩＰＯ（株式公開）やＭ&Ａなどの投資を行う際に、投資先の価値やリスクなどを調査することを指します。Ｍ&Ａでは一般的に、買い手企業が売り手企業に対して財務状況や法律上の課題、営業状況、ＩＴ環境など、さまざまな角度から調査・評価を行い、どんなリスクがあるかを把握し、Ｍ&Ａにふさわしい企業かどうかを検証することです。

「Due＝当然行われるべき」「Diligence＝義務・努力」という意味で、「ＤＤ（ディーディー）」と略されています。

調査の範囲は事業規模・企業価値評価などによって異なる

調査の範囲は、売り手企業の業種や事業規模、企業価値評価の結果などによって異なります。

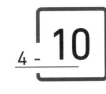

図表4－13

売り手企業にとってデューデリジェンスで重要なこと

- 調査範囲が適切かを見極める
- 優先順位があることを理解し、買い手企業と、お互いに費用と時間の節約を心がける
- どんなケースでも積極的に情報提供する
- 認識しているリスクがあれば、隠さず伝えておく
- 情報管理を徹底する

デューデリジェンスは専門性が高く調査範囲も広いため、公認会計士や弁護士など専門家の協力を得ながら進めていきます。

デューデリジェンスを行うタイミングと期間は、M&Aでは、基本合意契約を締結したあとに行われることが一般的です。必要な期間は１～２カ月ほどですが、対象企業・事業の規模や業種、調査する範囲などによって異なります。中小企業の事業承継の場合は、実質的に２週間ほどで完了するケースが多いでしょう。

デューデリジェンスは調査される側である売り手企業の協力なしには実現できません。必要書類の用意や回答が進まなければ、急ぐ必要があったとしても簡単ではありません。その点も考慮して計画を立てる必要があります。

M＆Aによる事業承継において、売り手企業にとってデューデリジェンスで重要なことは、前ページ図表4－13のとおりです。

また、調査の目的は次の2項目に集約できます。

⑴リスクの特定と対応を見極める

デューデリジェンスは、財務リスク（不良債権、過大評価の資産など）、運用リスク（効率的ではないプロセス、技術的な問題など）、法的リスク（訴訟、法規制違反など）の特定と評価を主な目的としています。あらかじめ潜在的な問題を含めて買い手企業として把握し、それらを考慮してM＆Aの実行やリスクへの対応、取引価格の算定などを行います。

売り手企業にとっても、契約前に把握した問題点への対応を講じられるため、契約後のトラブル回避にもつながります。

⑵企業価値を正しく評価する

売り手企業の資産の本当の価値を評価する際に、デューデリジェンスは不可欠です。企業の財務状況、競争力、将来の成長性などを詳細に調査し、取引価格が適正かどうかを評価します。

また、新たなビジネスチャンスを見つけることにも役立ちます。たとえば、売り手企業の製品や技術が買い手企業のビジネスとどのように融合し、新しい市場機会やシナジーの創出ができる

税務
デューデリジェンス

売り手企業の税務関連情報を詳細に調査。過去の税務申告内容や納税状況、税制度の順守、未解決の税務問題などが含まれ、税務リスクを洗い出すことが目的。売り手企業のオーナー社長へインタビューが実施されるケースもあり、その際、会計・経理責任者も同席し、質問を受けるケースもある。調査する買い手企業側からすると、そのほうが手際がいい

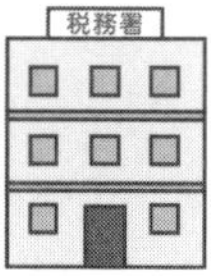

特に、株式譲渡では、売り手企業の税務リスクを引き継ぐため、税務リスクが高い場合には事業譲渡に変更するケースもある。調査対象は、決算報告書・勘定科目内訳明細など各種の基礎資料、財務関連の個別資料、税務関連資料など

IT
デューデリジェンス

売り手企業の情報技術（IT）インフラストラクチャー、ソフトウェア、セキュリティ、データ管理などの詳細を調査。M&A による事業承継後に情報システムを統合するケースがあるため、対象企業の IT リスク、セキュリティの問題、システムの効率性を評価し、IT に関する事業承継後の課題を特定する

調査対象は、情報システムの体制など組織に関する資料、アプリケーションに関する資料、インフラに関する資料、コストに関する資料、システム管理を担う人材、セキュリティなど

法務
デューデリジェンス

売り手企業や事業の法務を対象とした「許認可と訴訟」について重点的に調査する。許認可が引き継げなければ事業は継続できず、訴訟を抱えていれば賠償金を支払う可能性がある

調査対象は会社組織、株式と株主関連の資料、役員・社員、業務に関する資料、紛争・許認可に関する資料など

図表4－14

主なデューデリジェンスの種類

事業
デューデリジェンス

売り手企業の主要な事業活動、市場競争力、戦略、顧客との関係、将来の成長見通しなどビジネス全体を詳細に調査。具体的な調査対象は、各種決算資料、事業計画書、競合や仕入先、顧客、製品・サービス、市場、保有する技術など

財務
デューデリジェンス

売り手企業の財務諸表、収益、費用、資産、負債、キャッシュフローなど財務状況を詳細に調査。主な目的は、純資産、収益力、簿外債務の有無、キャッシュフローの状況などの財務的な健全性を確認し、潜在的な財務リスクを特定すること

中堅・中小企業のM&Aによる事業承継では、帳簿そのものがきちんと記帳・整理されておらず、決算書と実態がかけ離れている場合もあるため、特に慎重に調査。調査対象は、決算書や総勘定元帳、具体的な証憑《しょうひょう》書類、予算・事業計画書、役員会の資料、銀行に提出した資料（簿外債務の把握のため、雇用・不動産・法務関係の資料や契約書などを含める場合もある）など

人事
デューデリジェンス

労働関連法規と実態がどのように違っているかなどを調査。中小企業のM&Aによる事業承継では労務に関する問題も多く、社会保険料、ハラスメント対応などの調査が重視されている。また、基本的な組織構造、人事政策、人材のスキルのほか、福利厚生、従業員の関係などの調査が含まれる

主な目的は、従業員に関連するリスク、企業文化の適合性、スキルの適切な評価を行い、人事の側面からのM&Aの課題を特定すること。調査対象は、雇用関係の資料、人事規定の資料、年金関連の契約書類、労使関係の資料、人件費の資料など

か重要な判断材料にもなり得ます。

さまざまなデューデリジェンスの種類

デューデリジェンスは、調査対象に応じてさまざまな種類があります。M&Aによる事業承継で行われる主なデューデリジェンスの種類は前ページ図表4－14のとおりです。

このほか、環境デューデリジェンス、知的財産デューデリジェンス、不動産デューデリジェンスもあります。最近では、企業の社会的責任が高まるなか、人権デューデリジェンスなど、ニュースで耳にする機会も増えています。

中小企業のM&Aによる事業承継に際して、図表4－14のすべてのデューデリジェンスを行うわけではありません。買い手企業と売り手企業の都合などに合わせて調査する項目を決めます。

なお最近では〝セルサイド・デューデリジェンス〟という手続きもあります。M&Aによる事業承継の前に、売り手企業自身が専門家にデューデリジェンスを依頼することです。また、デューデリジェンスの過程で、買い手企業が「当社のデューデリジェンスを一度、しっかりやってもらえませんか」と依頼するケースもあるようです。

このように、デューデリジェンスは従来の会計監査の枠を超えて一般的になりつつあるのです。

4－11

売り手企業が知っておくべきデューデリジェンスの手順

デューデリジェンスは原則、買い手企業が行うものです。本書の読者の皆さんは、事業承継を行う売り手企業側なので、Ｍ＆Ａによる事業承継では売り手の立場になり、デューデリジェンスを受ける側です。しかし、売り手としてその手順を知っておいて損はありません。どのような流れでデューデリジェンスを進めていくのか、概略を見ていきます（次ページ図表４－15参照）。

チームを組んで資料を中心に調査され、必要に応じて聞き取りも行われる

まず、買い手企業が、デューデリジェンスの種類に合わせて、業務の担当者と専門家（弁護士・公認会計士・税理士など）でチームを組成します。そして、実施するデューデリジェンスをはじめ、重点的に調査する項目や予算、調査完了までのスケジュールなどを決めます。また、調査ごとに必要な書類をリストアップし、売り手企業に提出を求めるなど準備を進めます。

図表4－15

デューデリジェンスの流れ

①買い手企業がデューデリジェンスの種類に合わせて業務の担当者と専門家（弁護士・公認会計士・税理士など）でチームを組成

↓

②スケジュールを決め、調査ごとに必要な書類をリストアップし、売り手企業に提出を求めるなど準備を進める

↓

③ほかの資料と照らし合わせて情報の正確性を確認

↓

④専門家が売り手企業のオーナーや担当役員などへ聞き取り調査を実施

↓

⑤報告書が専門家から買い手企業に提出され、内容を踏まえて議論

↓

⑥売り手企業側は、明らかになった問題点について解決策を提案

その後、資料を入手したら、ほかの資料と照らし合わせて情報の正確性を確認します。また、追加資料が必要になる場合もあり、手持ちの資料から情報を集めることもあります。

資料だけですべての情報が得られない場合、専門家が売り手企業のオーナーや担当役員などへ聞き取り調査を実施します。一般的に聞き取り場所は、現地調査を兼ね、対象企業の社内で行われます。M&Aを進めている事実を知られないように、土日などの社員がいないタイミングで実施するケースも多いようです。

そして、デューデリジェンスの報告書が専門家から買い手企業に提出され、その内容を踏まえてM&Aについて議論します。抱えるリスクが大きい場合には中止も視野に入れ、リスクが軽減できる可能性がある場合は、価格交渉が行われることもあります。一方、売り手企業側は、明らかになった問題点について解決策の提案を求められることがあります。

なお、デューデリジェンスの費用は買い手企業が負担します。売り手企業や事業の規模、調査の内容、協力を求める専門家の数などによって、その額は大きく異なります。そのため一概にいくらといえませんが、中小企業の場合は数十万～数百万円ほどを要します。

■デューデリジェンスを受ける際の注意点

M&Aによる事業承継の規模に対して調査範囲が限定的だと、調査が不十分になり、買い手企業はリスクを背負う可能性があります。逆に、むやみやたらに調査範囲を広げると、デューデリジェンスの必要性そのものが疑われます。

また、期間内に優先順位をつけて行われるので、確認される調査項目に優先順位があることを理解し、お互いに費用と時間の節約を心がけましょう。ただし、売り手企業側はどんなケースでも積極的に情報提供すべきです。買い手企業から請求された資料の提供をはじめ聞き取り調査など、協力して対応する必要があります。

なお、あらかじめ認識している自社が抱えるリスクがあれば、隠さず伝えておくことが重要です。事後にリスクの存在が明らかになると、最悪の場合、破談につながる可能性もあります。

デューデリジェンスでは、買い手企業が売り手企業の機密情報に触れるため秘密保持契約を締結しますが、入手した情報の取扱いに細心の注意を払う必要があります。調査のために得た情報をM&A以外では使用できないよう売り手企業は制限をかけ、売り手企業内部でもいたずらに情報を漏らさない配慮が欠かせません。場合によっては、専門家に開示範囲について助言を求めるのもよいでしょう。

4-12 PMIの実施手順と売り手企業側の関わり方

ＰＭＩとは前述のとおり「Post Merger Integration」の略で、「合併後の統合」を意味します。Ｍ&Ａの成立後に経営上および業務上の統合を進めることですから、買い手企業側が対応すべきことです。

ところが、中小企業のＭ&Ａによる事業承継では、売り手側の企業の社長や役員が、買い手企業の相談役や顧問などの肩書をもって残ることも多く、ＰＭＩの状況を見守ることも一般的に行われています。

そうした背景もあり、Ｍ&Ａの実施・成立後にＰＭＩのステップを始めるのではなく、Ｍ&Ａの実施前から徐々に意識して取り組んでいくことが必要です。Ｍ&Ａの実施前から始めていくのですから、売り手企業にとっても、どのようにＰＭＩが行われるのかを理解しておくことが欠かせません。

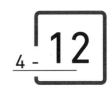

■ＰＭＩの目的を考えて、ふさわしい状況かを確認する

事業承継の一手段としてＭ＆Ａを実施してみたものの、当初の目的どおりにいかず失敗したケースも見受けられます。期待どおりにＭ＆Ａがうまくいかない原因は、求めたシナジーが発揮できないことと、相手先の経営・組織体制、社員同士のコミュニケーションの問題が大きいといわれています。これらはすべてＰＭＩのプロセス上で起こるため、ＰＭＩをいかに円滑に進めてマネジメントするかが重要なのです。

では、ＰＭＩはどんな目的で実施するのでしょうか。「経営の統合」「業務の統合」「信頼関係の構築」の３つの目的から、売り手企業側の留意点を確認しておきましょう（次ページ図表４－16参照）。

⑴経営の統合

異なる会社が統合するためには、両社の経営理念・ビジョンから考えて、どのように統合が進んでいるか検討することが必要です。そのうえで、経営戦略、役員人事、ガバナンス、予算配分を決定し、統合していきます。

持ち株会社化など新しく会社をつくる場合は経営の統合の際に大きな負担はないかもしれませ

図表4－16

PMIの目的から考えるチェックポイント

(1) 経営の統合	両社の経営理念・ビジョンから考えて、どのように統合が進んでいるか
(2) 業務の統合	組織構成や部署・拠点の配置を決め、規則制度などを整えているか
(3) 信頼関係の構築	どのように信頼関係が構築できているか、面談などで確認する

んが、足並みを揃える調整は必要でしょう。合併の場合は新設合併をするか、どちらかの会社を引き継ぐかにかかわらず、事実上、両者の要素を盛り込むなどの検討・実施についてPMIとして進めていきます。

(2)業務の統合

業務上の統合では組織構成、部署・拠点の配置を決め、規則制度を整えていきます。業務プロセスの流れを決めたあとは、関係各所や担当者とすり合わせ、実際に業務プロセスを統合していきます。

業務プロセスとともに人事、システム、会計処理の統合なども進めていきます。

(3)信頼関係の構築

同グループ、同企業に所属するために2社

間の社員の信頼関係の構築は必要不可欠です。

急に業務や企業自体が変わることになる社員にとって、精神的および業務上の負担は大きいもの。その状態で先方企業の社員とコミュニケーションを取る必要があるため、混乱が起こりやすいでしょう。ＰＭＩではどのように信頼関係が構築できているか、面談などで確認することも重要です。

この点、Ｍ＆Ａによる事業承継では売り手企業の社長に買い手企業の相談役などの肩書で残ってもらい、調整役を果たしてもらうケースもあります。それを考えると「ＰＭＩは買い手企業の仕事」と割り切っているだけではいけないのです。

4－13

PMIの手順と成否を分けるポイント

ＰＭＩの大まかな手順は４つのステップに分けることができます（次ページ図表４－17参照）。Ｍ＆Ａによる事業承継の手法によっては、売り手企業の法人格が残るケースもあります。その場合はＰＭＩに積極的に関わる必要もあります。

その意味では、売り手企業側の対応がＰＭＩの成否を分けるポイントの一つといってもよいでしょう。

(1)M&AとPMIの検討

Ｍ＆Ａの検討の段階からＰＭＩを念頭に置きますが、検討段階ではＭ＆Ａの目的を明確にしてＰＭＩの成功は何かを定義します。Ｍ＆Ａによる事業承継の手法に応じて、また、果たしたい目的・求めるシナジー効果によってＰＭＩを策定します。

その検討には、どういった統合がいちばんメリットを発揮できるかという検討も含まれます。

図表4－17

ＰＭＩの手順と売り手企業側の留意点

(1) Ｍ＆ＡとＰＭＩの検討	・ＰＭＩの成功は何かを定義する ・どういった統合にメリットがあるのか検討する
(2) 準備段階	・デューデリジェンスの実施前にＰＭＩを念頭に置き、どの業務の何がネックとなりそうか必要な情報を集める ・計画を立てると同時に、何が把握できておらず把握する必要があるのかを精査しておく
(3) 集中実施期間	・社員の面談など売り手企業としても適切な役割配分をする ・デューデリジェンスで指摘された事項を中心に取り組む
(4) フォローアップ	・失敗を失敗で終わらせず、活かして成功に導く ・成否は長い目で見ていく

M&A、PMIの過程では両社にさまざまな問題や課題が発生しますが、目的と成功の基準をはっきりさせておくことで判断基準となるのです。

実際には、M&AとPMIのプロセスは経営者同士の面談の前に始まり、信頼関係の構築はその面談からスタートすることになります。

(2)準備段階

M&Aによる事業承継の基本合意を締結したら、PMIの準備段階に入ります。基本合意の締結後にはデューデリジェンスが行われ、価値・リスクを調査します。売り手企業としても、そのデューデリジェンスの実施前にPMIを念頭に置いて、どの業務の、何がネックとなりそうか、必要な情報を集めておくようにします。

また、デューデリジェンス実施後の最終契約の締結・クロージングのあと、PMIの実際のプロセスに入ります。その段階では社員の面談などもあり、そこでPMIの課題が明らかになることも少なくありません。

ですから、この準備期間に、PMIの計画を立てると同時に何が把握できておらず把握する必要があるのか精査しておくことが成功のポイントです。業務の統合についても基本合意の締結後から始めていきます。

(3) 集中実施期間

M&Aによる事業承継が成立したあと、実際にPMIを集中的に実施する期間となります。1年間程度をメドにして、買い手企業では、まずは業務上の推進チームを整え、準備したPMIの項目について優先順位をつけて取り組んでいきます。

PMI推進時は業務上の混乱や負担の増加が想定されます。そのなかで進めるため、また、それぞれの業務の専門性を考慮する必要もあるため、もとの社員の面談など売り手企業としても適切な役割配分をすることが必要なケースがあります。

混乱を抑え、できるだけ迅速にPMIに取り組むためには、次々に入ってくる情報に対して現状の把握、方針の検討、計画の策定、実行・検証のサイクルを前提に進めます。デューデリジェンスで指摘された事項を中心に取り組むことで早期の成果が期待でき、結果が出ることで社員のモチベーションにもつながります。

(4) フォローアップ

集中実施期間を終えると、いったんそこまでの結果をまとめます。そして、次の年度に向けて目標を設定し、PMIの取り組み方針を見直します。その後、戦略の策定内容に合わせて、数年単位でPDCAを繰り返し実施していきます。

PMIは日々の活動のなかで実施されていくものですが、目に見えない信頼関係の構築や経営方針の浸透などについて年単位で対応していくものもあります。ＰＭＩに失敗したと感じる企業も少なからず存在する中で重要なのは、失敗を失敗で終わらせずに反省し、失敗を活かして成功に導くことです。

短期的な成果・シナジーだけに一喜一憂することなく、ＰＭＩの成否は長い目で見ていくことが大切です。

PMIでは「人の問題」で失敗しやすい

ＰＭＩの目的を達成できない理由としていちばん大きいのは、人的な問題によるものといわれています。心や業務上の準備ができていないままにスタートし、多くの社員が従来の業務の変更への対応、ＰＭＩのための作業、Ｍ&Ａの目的の達成のために業務負荷が増大するので、致し方ない面もあります。

本当にＭ&Ａによる事業承継が有効な策だったのか、効果があるのかが不透明なまま、自分の意思とは関係なしに増える業務に対して、不満を覚える社員は少なくありません。また、合併により部署の形態・仕事の役割・仕事への評価・報酬の形態も変更されることがあります。信頼関係を築けていない買い手企業の上司からの処遇、評価・報酬に納得がいかず、モチベーションが上がらない社員が出やすいのです。

また、人的な問題にも関連しますが、情報共有のむずかしさ、売り手企業と買い手企業の情報格差もうまくいかない原因となります。ＰＭＩでは、適切な情報を適切な人へ適切なタイミングで提供することが欠かせませんが、未決定の情報まですべてを流すと、現場が混乱する場合もあります。

なお、意思決定のむずかしさも、ＰＭＩがうまくいかない要因です。統合後に法律上は新会社が存在しない状況では、あくまでも別会社。決定までのすり合わせに時間がかかるうえに、新会社としての正式な決定事項とはみなされないために、どうしても意思決定の厳格さに欠け、現場は右往左往しやすいのです。

協議してから意思決定するのか、社長の専権事項として独断で意思決定するのか、両社が会社文化として当たり前と思っているところに違うことが発生すると、意思決定にもそのことにコミットするにも時間がかかります。また、優先順位のつけ方にも企業文化として差があると、決定に時間を要します。重要度、緊急性、実行可能性の３つを判断基準とする方針は変わらなくても、結局は総合的に判断するため、企業間でのすり合わせが必要なのです。

■ＰＭＩを成功させるコツ

ＰＭＩを成功させるコツは主に４点あります（次ページ図表４－18参照）。

図表4－18

ＰＭＩを成功させるコツ

(1) 現場の声を聞くことを重視	現場からの声を最優先に聞きながら、必要な情報共有を行う
(2) 数値で出せるものを優先	目で見てわかる目標を達成することで「M&Aはやはり意味があった」と示すことができ、社員のモチベーションアップにつながる
(3) 定性目標を軽視しない	定性目標は、数値として目に見えなくともコツコツと積み上げていく
(4) 時間がかかることを覚悟	1社で行ってきた経営・人・業務を統合するのだから、円滑に運営できるまでには時間がかかるのは当然。長い目でPMIを進める

(1) 現場の声を聞くことを重視する

ＰＭＩで重視したいのが現場の声によく耳を傾けることです。ＰＭＩは実施する事項を多くこなすことに注力しがちですが、重要なのは実際に社員がＭ＆Ａによる事業承継の意義を自覚して、モチベーションを高めて仕事に取り組んでもらうことです。

その結果がシナジー効果につながり、円滑な業務体制の確立につながります。現場からの声を最優先に聞きながら、必要な情報共有を行うことが重要です。

また、推進体制として各部門への調整役を置き、必要な情報の吸い上げと提供を行うなど工夫することが欠かせません。

(2) 数値で出せるものを優先する

重要度、緊急性、実行可能性を判断基準としても判断に迷った場合は、まず数値で示せるものを優先します。目で見てわかる目標を達成することで、売り手企業の社員にとっても「M&Aはやはり意味があった」と示すことができ、社員のモチベーションアップにつながります。

M&Aでよく聞く失敗が、目標に向けて社員が急ピッチで対応し、上層部からの指示に対応しているうちに1年が経ち、蓋を開けてみると数値的に結果が出ていないというものです。この場合は「M&Aは失敗だった」とみなされて、社員のモチベーションを下げかねません。この状態を避けるには、数値として明快な領域に取り組むことが重要なのです。

(3)定性目標を軽視しない

定性目標には、両社間の社員のコミュニケーションの活性化、企業文化・風土のすり合わせ、意見交換の場を設けることなどがあります。数値として目に見えなくともコツコツと積み上げていかなければならない分野です。

現場の声を聞くことも同様ですが、定性目標も人的な問題を引き起こさないためのキーポイントなので、責任者を決めて取り組むべきです。

(4)時間がかかることを覚悟する

PMIを実現するには時間がかかります。このことを関係者が理解しておくことが重要です。

これまで1社で行ってきた経営・人・業務を統合するのですから、円滑に運営できるまでには時間がかかるのは当然で、問題が起きるのも当たり前です。

迅速な行動は必要ですが、関係者が統一の見解を出し、結果を出すには時間がかかることを覚悟して、長い目でPMIを進めることが重要です。

4-14 中小企業のM&Aパートナーはワンストップで〝伴走型〟の業者がよい！

中小企業が事業承継の手法としてM&Aを活用する場合、どこに、どのように頼めばよいかは悩むものです。どんな事業者が対応しているのかわからないケースも多く、知っていたとしても、「ずいぶんお金がかかるのでは？」「自分の専門分野しか対応してくれないのでは？」などと考えるのも無理からぬことです。

そこでまず、M&Aを活用する場合、M&Aに関してどんな〝プレイヤー〟がいるのかをインターネットで調べましょう。それぞれに一長一短があることも理解できるはずです。

そのうえで、経営者である自分の後継者問題を解消してくれそうなところに遠慮なく相談してみましょう。予約が必要な場合は多くても、相談レベルで料金が発生することはまずありません。相談で「相性がよくない」と思ったら、断ってもよいのです。

ワンストップで対応できるところのほうがトラブルになりにくい

「専門的なことは専門家に聞け」という言葉があります。いささかマッチポンプ的な言いまわしですが、理に適った対応です。たとえば、「いい税理士さんを探すのは、いい税理士さんに相談するのがいちばん」ということです。

M&Aについても同様で、少し詳しい顧問税理士に「私の後継として、どこかよその会社が事業を買ってくれたり、株を持ってくれたりすることは可能でしょうか。第三者承継とかスモールM&Aのようなことを考えているのですが……」と聞けば、顧問税理士が自分で対応できれば対応してくれるでしょうし、荷が重いと感じれば、ふさわしい業者を紹介してくれるはずです。

取引銀行に相談しても、国が各都道府県に設置した事業承継・引継ぎ支援センターに相談しても同様です。専門家であれば、よりふさわしい課題解決を実現してくれる業者を紹介してくれます。紹介を受ける頃にはM&Aに関して、どこに、どんな労力や費用負担などがかかるのかも概ね理解できているでしょう。現実には、そうした費用負担を横目で見ながら、業者を選んでいきます。

この段階で大切なことは、後継者難などの問題・課題を経営者自身が的確に把握し、自分から働きかけることです。「困ったな。どうしようか」と待っているだけでは答え、問題・課題の解決にはたどりつけません。

この理解があったうえで、M&Aのパートナー選びとしては、できるだけワンストップで対応してもらえるようなところがよいでしょう。

M&Aには企業価値の判断など経営上のテクニックはもちろん、株式評価・節税などの税務、契約内容や財産の整備、トラブル対処などの法務、人事の課題対処や社会保険などの労務も深く関わってきます。一つのM&Aの過程でも、相手企業とのミーティングやデューデリジェンス、M&A後のPMIの対応など、さまざまな段階があります。まさに事業承継の〝総合格闘技〟のような面があるのです。

それらを部分的に担ってもらうより、ワンストップで対応できる業者のほうが、より効率的・効果的で、経営者自身の事業承継の悩みの解消にもつながります。パートナーの中には全国の拠点で対応したり、それぞれの専門家と提携して対応したりする業者もあります。

加えて、相談の段階で、これまでの実績について確認するのもよいでしょう。もちろんパートナーには関わったM&Aに関する守秘義務もあり、企業名や事業内容など細かなことは教えてくれないケースが多いものです。それでも、相談に対して類似する事例の概略を教えてくれたり、事例を踏まえてアドバイスしてくれたりするケースはあります。

なお、M&Aでは最終段階で詰めが甘く、〝破談〟になるケースがあります。大手企業同士のM&Aでも、基本合意はできてニュースリリースも出しているのに、最終段階でM&Aが実現されず、解消となるケースを耳にする機会は多いものです。

そのような事態になりかけたとき、ワンストップで対応してくれていた業者であれば、前提から考え直すことも可能です。いわば、やり直しが利きやすいのです。

伴走型M&Aを実現できるパートナーと早めにタッグを組む

ワンストップで対応できる業者を選んだら、早めに相談し、対応してもらうことも重要です。M&Aに詳しい専門家がその一部に対応し、専門外のところで別の業者に話を持っていくことがありますが、ワンストップで対応できる業者から見れば、それはM&Aの途中で話が舞い込んでくるようなもの。「最初から対応していれば、スケジュールと意向に沿った対応ができたのに……」と思うのも自然なことです。相談する側にとっても、それまでの労力やお金が無駄になったということになりかねません。

M&Aの実作業は数カ月でトントン拍子に進むこともあれば、3年、5年かけて行うケースもあります。5年後というのは相談する側が、「5年くらいかけて、じっくり自社の事業や株を整理・把握して、かつ自社の価値を高めて対応したい」といった考えを持っているケースもあるからです。対応する業者には、そのような〝長期戦〟を見込んでスケジュールを立ててもらうわけです。

そのため、「早め」といっても「いつ相談したらよいか」は経営者・企業それぞれに違います。

図表4－19

パートナー選びのポイント

- まず、自分でしっかりと知識を身につける
- 専門家と思える人・業者・機関に自分から相談してみる
- M&A全体に取り組んでいる「ワンストップ型」の業者を選ぶ
- 長期的に経営とM&Aに一緒になって対応してくれる「伴走型M&A業者」を選ぶ
- すべてが自社の思いどおりになるとは限らないことに留意する

どんな事業も単年度で締めますので、長期の対応はできにくいと思う業者もいるはず。そのときは長期でも対応可能な業者を選びます。中長期的な目線で経営とM&Aに伴走して対応してくれる、まさに伴走型M&Aに対応できる業者です。

伴走型M&Aに対応できる業者を選ぶにしても、選ぶ側には、「M&A仲介の大手だから安心」「地方だから地場の人にしか頼みにくい」「専門的技術があるので、その専門分野のM&Aに詳しい業者に頼みたい」など、業者の規模の大小や専門性を考慮する人もいるでしょう。確かに、たとえば病院や最先端技術を持った中小企業のM&Aとなると、対応できるケースとできにくいケースがあるのも事実です。

この点では、「M&A仲介の大手だから安

心」とはいいきれない面があることは理解しておくべきです。どんな業種でも同様ですが、大手や上場している業者は大手・上場にふさわしい対応をする一方で、実際の相談相手である営業は失礼ながら〝ずぶの素人〟ということもあり得るのです。

特に中小企業のM＆Aは、仲介・代理といっても、売り手と買い手双方の事情を汲みつつ進めていかないといい結果が得られません。すべてが自社の都合どおりにはいかないケースがあることも理解しておきましょう。

【監修】
ベリーベストグループ

ベリーベスト法律事務所、ベリーベスト税理士事務所 、株式会社ベリーベストM&Aアドバイザリーの三社が連携するベリーベストグループの強みは、法務・税務・財務といった専門分野を横断的にしかもワンストップでカバーできることにあります。 単なるアドバイスにとどまらず、経営者と共に未来を創る「伴走型」のM&A・事業承継支援を重視し、あらゆるリスクを見落とすことなく企業価値を最大化するサポートを行います。 大切なバトンを次の世代へつなぐため、ぜひ安心してご相談ください。

ベリーベスト法律事務所
全国規模で幅広い法律サービスを提供する総合法律事務所。企業法務から個人の法律相談まで網羅的にサポートしており、M&Aや事業承継においては法的リスクの分析や契約書作成､交渉などをサポート。多様な分野に精通した弁護士陣が連携し、依頼主の状況や希望に寄り添いながら最適な解決策を導きます。 事業承継・M&Aに精通した司法書士・弁理士も在籍しています。
代表弁護士 酒井将（さかいすすむ)､浅野健太郎（あさのけんたろう)、萩原達也（はぎわらたつや)

ベリーベスト税理士事務所
税務・会計分野を担う専門家集団です。企業の財務分析や税務リスクの洗い出し、組織再編、事業承継対策などの高度な業務をワンストップで支援します。 M&Aや事業承継の場面でも、税務面での最適なスキーム設計を通じて、経営者の意思や企業の特性を最大限に尊重したサポートを提供します。
代表税理士・行政書士　岸健一（きしけんいち)

株式会社ベリーベストM&Aアドバイザリー
中堅・中小企業のM&Aや事業承継案件を得意とするコンサルティング会社です。売り手・買い手のニーズを踏まえた戦略的なマッチングから、デューデリジェンスや交渉支援まで、一貫して伴走いたします。弁護士・税理士と密接に連携することで、法務・税務を含む多角的な課題をワンストップで解決できる点が大きな強みです。 また､他のM&Aアドバイザー会社との最大の違いは､長期間に渡るサポート。伴走型M&Aを標榜しています。
代表　岸健一（きしけんいち)

〒106-0032 東京都港区六本木一丁目8番7号 MFPR 六本木麻布台ビル11階
TEL　0120-733-043（無料)
平日　9:30～18:00 / 土日祝除く

【編集協力】

アップスマイル税理士法人

（ベリーベストグループ協力事務所）

アップスマイル税理士法人

アップスマイル税理士法人は、中小企業の継続発展を通じて社会に貢献することを使命として活動を行っております。その中でもM&Aは、事業の継続と成長につながる手段の一つです。

当社は、売主側を支える際には希望の引継ぎ条件になるよう、安心して引継ぎを行えるような会社の仕組みづくりのお手伝いを行い、引受側を支える際には、引継ぎスキームの策定や企業価値の算定や企業調査を中心業務として行っております。

代表税理士　辻本 聡（つじもとさとし）

〒810-0001 福岡市中央区天神1-2-4　農業共済ビル2F
TEL　092-406-8077
平日　8:30～17:30/土日祝除く

【著】

エッサム

昭和38年(1963年)の創業以来、一貫して会計事務所及び企業の合理化の手段を提供する事業展開を続けております。

社是である「信頼」を目に見える形の商品・サービスにし、お客様の業務向上に役立てていただくことで、社会の繁栄に貢献します。

いちばんわかる
事業承継《じぎょうしょうけい》とM&Aの超入門書《ちょうにゅうもんしょ》

〈検印省略〉

2025年 3 月 15 日 第 1 刷発行

監 修 者——ベリーベストグループ
編集協力者——アップスマイル税理士法人
著　　者——エッサム
発 行 者——田賀井 弘毅

発行所——株式会社あさ出版
〒171-0022 東京都豊島区南池袋 2-9-9 第一池袋ホワイトビル 6F
電　話 03 (3983) 3225 (販売)
03 (3983) 3227 (編集)
F A X 03 (3983) 3226
U R L http://www.asa21.com/
E-mail info@asa21.com
印刷・製本 (株)シナノ

note http://note.com/asapublishing/
facebook http://www.facebook.com/asapublishing
X https://x.com/asapublishing

ISBN978-4-86667-741-5 C2034